老優は、老いに優れた人である。

# はじめに

## 「若々しく見える」から「円熟自体の価値」へ

高齢ドライバーの事故、深刻な老老介護や虐待など、近年、老いに関するネガティブな話題を耳にすることが増えた。二十年間、高齢者福祉に携わってきた身としては、正直なところやりきれない気持ちだ。

事実、老いには負の側面がある。身体の衰えや疾病、配偶者や友人の死、時代から離れていく孤独、人生への諦念。そういった現実も、仕事柄少なからず目にしてきた。

だがその一方で、老いにまつわる厳しい現実をすべて受け入れてなお、生きがいに満ちた自分らしい生活を続ける高齢者も数多くいる。その姿は、同世代にとってはもちろんのこと、老いの入口に立つ私たちの世代にとっても、ひとつの希望である。

年齢よりも若く見えることは、もちろん素晴らしい。だが、それだけがすべてではないだろう。年相応に老いることも、同じように素晴らしいはずだ。老いを肯定して生きることに、円熟自体の価値に、何かもっと光を当てるすべはないものだろうか。そんなことをずっと思い続けていて、ふと目にとまったのが、現代日本のベテラン俳優、老優たちの姿だった。

今を生きる老優たちは、老いを肯定し、老いたからこそ演じられる役柄を愉しんでいる。超高齢社会を迎えた現代の日本において、還暦を越えてなお活躍を続ける彼らの旺盛な仕事ぶりは、私たちに老後のロールモデルを先駆的に指し示しているように見えたのである。

かつての邦画の老優たちは、若い主役を盛り立てる脇役陣のひとりに過ぎなかった。男優の場合は、還暦を過ぎた頃からご隠居や長老といったステレオタイプの役を割り振られ、個性を抑制して演じることが多かった。女優の場合は、あらゆる手を尽くしてぎりぎりまで若く見せることにこだわり、それも難しくなると、老いた姿を晒すのをよしとせず、静かに身を引いていった。

だが、今はちがう。性別によらず、還暦を過ぎても紋切り型の役ばかりではなくなった。高齢者をひとりの人間として描いた役柄が増え、ときにはそれが主演の場合すらある。衰えた容姿のままで、リアリティのある老女を演じる女優も珍しくなくなった。洋画の老優たちのような演じ方や演出が、男女の区別なく、邦画にも浸透しはじめてきたのだ。

## 老優は「老優」である

　こんなことをいうと、当の老優たちはシニカルに笑うだろうか。役者が人生のロールモデルになるようでは世も末だ、人様のお手本にならないような生き方をしてきたからこそ役者なんだよ、と。

　確かに、型破りな生き方も少なくない俳優の人生の中には、私たち一般人が真似するとやけどをしそうなものも、ないわけではない。しかし、老優となれば話は別だ。

　現在の六十歳の平均余命は、男性でも24年、女性では29年もある。かつて現役引退を意味していた還暦は、いまや人生後半の一通過点になりつつあるのだ。そんな時代の中で、世に先んじて「還暦引退モデル」から「人生１００年時代モデル」へと軌道修正を図った彼らは、「老いた俳優」であると同時に「老いに優れた人」でもある。老優は「老優」なのである。

　それは、知力・体力・時の運、そのすべてにおいて厳しい競争に晒される職業人生の中で、彼らが自立的で自律的な生き方をしてきたことと無関係ではあるまい。自立と自律は高齢者福祉の重要なキーワードでもある。タフで、個性的で、時として老獪にさえ

## はじめに

映る彼らのキャリアの中には、この超高齢社会を生き抜くヒントが少なからず埋蔵されている。動よりも静、鋭さよりも円み、華やかさよりも存在感で魅せる老優たちの生き方の中から、老いることの優れた価値を掘り起こすことが、この本の主題である。

本書は、一般財団法人年金住宅福祉協会のホームページ『くらしすと』に月1回連載していたコラム『飽くなき者たち～円熟の輝きを放つ名優の軌跡～』を書籍化したものである。毎回還暦以上の1人の老優を取り上げ、その出演歴を辿りながら人生100年時代の新しい老い方を考えるという連載当時のテーマはそのままに、新たな書き下ろしを加えて一冊にまとめた。

およそ半世紀前、バッドエンドのニューシネマに酔いしれた世代が、いま自分たちの人生のハッピーエンドを模索しはじめている。その手掛かりを、老優たちの多彩なフィルモグラフィーの中に探ってみたい。

# もくじ

## 第2章　そのレッテル、引き受けた　059



## 第3章　個性派の天性と戦略　089

もくじ

（注）

第１章～第６章は、一般財団法人年金住宅福祉協会が運営する情報サイト『くらしすと』に二〇一四年九月から二〇一八年八月まで連載していた『飽くなき者たち～円熟の輝きを放つ名優の軌跡～』が初出である。プロローグ、インターミッション、エピローグは書籍化にあたり書き下ろした。

連載中は、老いてこその輝きを放ち続ける現役の俳優を取り上げていたが、連載開始から五年以上が過ぎ、九人が鬼籍に入られていることを受け一部に修正を施しているほか、年齢その他の表記は二〇二〇年を基として修正を加えている。また、本文中の映画タイトルの年表記は、原則として製作年としている。二桁で表記しているものは一九〇〇年代を表している。（例：六六年→一九六六年）

*prologue*

# 老木《おいき》になるまで、花は散らで残りしなり

# 老後の初心、忘るべからず

しかれば当流に、万能一徳の一句あり。

初心不可忘

此句、三ヶ条口伝在。

是非初心不可忘。

時々初心不可忘。

老後初心不可忘。

『花鏡』奥段

現代でもよく使われる「初心忘るべからず」は、室町時代に能を大成した世阿弥の言葉である。彼は、初心は三つあり、それが万能一徳の奥義であるとした。この「初心」は、現在巷でよくいわれる「最初の志」という意味ではなく、「人生の各段階でその都度乗り越えなければならない壁」あるいは「その乗り越え方」とでもいうべきものである。だから三つもあるのだ。

一つ目の初心は「是非の初心」である。これは、能を始めて最初にぶつかる青年期の壁だ。二つ目は「時々の初心」で、ある程度能を体得したあとにくる中年期の壁である。そして三つ目が老齢期に訪れる壁で、世阿弥はこれを「老後の初心」と呼んだ。芸が完成するといわれる時期においてもまだ学ぶべきことがあり、乗り越えるべき壁があるというのである。

世阿弥の言葉は、現代社会においても、人生論や仕事論として通用するものが少なくないといわれる。老優を通じて老い自体の価値に光を当てることを目的とする本書も、彼の著作から数多くの示唆を受けている。世阿弥の残した『風姿花伝』や『花鏡』は、日本最古の身体論的演技論であると同時に、その一部は卓越した高齢者論でもあるからだ。

世阿弥は「老後の初心」を次のように説明する。

一、老後の初心を忘るべからずとは、命には終はりあり、能には果てあるべからず。その時分時分の一体一体を習ひわたりて、また老後の風体に似合ふことを習ふは、老後の初心なり。老後、初心なれば、前能を後心とす。五十有余よりは、「せぬならでは手だてなし」といへり。せぬならでは手だてなきほどの大事を老後にせんこと、初心にてはなしや。

『花鏡』奥段

意訳すれば以下の通りだ。命に終わりはあるが、芸道に果てがあってはならない。青年期や中年期に学んだように、老齢期になっても、その年代に合った芸風を身につけることが老後の初心である。老後の壁を乗り越えることで、これまで身につけた芸が新しく見直され、経験し直される。五十歳を越えて老境に入れば「何もしないこと以外に手だてはない」が、その手だてがないという困難に挑むことが老後の初心でなくて何であろうか。――いまもって色褪せない、いや超高齢社会を迎えた現代の日本にこそ強く響く、含蓄に満ちた人生論である。

また、世阿弥は、老優のあり方について、五十二歳でこの世を去った父・観阿弥が亡くなる半月前に舞った能を例にあげ、後年『風姿花伝』に次のように記している。

これ、まことに得たりし花なるがゆゑに、能は、枝葉も少なく、老木になるまで、花は散らで残りしなり。これ、目のあたり、老骨に残りし花の証拠なり。

『風姿花伝』年来稽古条々

これは真に体得した花であるがゆえに、枝葉の少ない老木《おいき》のような演技であっても、花は散らずに残ったのである。これは私が目のあたりにした、老身に残った花の証しである、と世阿弥はいう。老後になれば、体力が衰え、全盛期のような演技はできなくなる。だが、父のような本当の名人であれば、老齢期には老齢期ならではの花を咲かせることができる。若さだけではなく、円熟にも価値があると彼は説くのである。

## 世阿弥の教えを体現する現代の老優たち

若手時代だけでなく、中堅になっても、ベテランになっても、常に変わり続け、その都度花を咲かせていきなさい、芸に完成などないのだとするこの教えは、求道の神髄を言い当てているだけにきわめて峻烈である。アグレッシブどころか常にプログレッシブを求められているわけで、誰もがクリアできるようなレベルの内容ではない。

だが、この「三つの初心と花」という世阿弥流の人材開発論を現代の老優たちに照らしてみると、彼らの多くが、ほぼ忠実にこの教えを体現してみせていることがわかる。

いま活躍中の老優たちは、少なくとも青年期と中年期、二つの初心を乗り越え、その都度花を咲かせてきた猛者揃いである。彼らは、まず、デビュー作や話題作で「是非の初心」に挑んで見事ひと花咲かせ、次いで、中堅と呼ばれる時期には「時々の初心」を乗り越え、代表作という名のもうひと花も咲かせてきた。だからこそ現在でも生き残っているのだ。その上で彼らは、いま「老後の初心」を乗り越え、「老骨に残りし花」を咲かせている。またある者はそれに挑もうとしている。

たとえば、仲代達矢は、五十三歳の時に黒澤明監督『乱』（八五年）で一文字秀虎役を演じた。ご存じの通りこの役柄は、老いた王を主人公にしたシェイクスピアの『リア王』を下敷きにしている。黒澤明の集大成といわれた作品で、しかもリア王役である。一昔前ならば、これが役者人生のフィナーレになっていてもおかしくなかった。当時、淀川長治が「おそらく仲代氏は『リア王』を黒澤映画で演じることで生涯をかけたにちがいない」と評したように、この時期の彼は役者人生の頂点にあったといえる。仲代はこの十年前に既に無名塾を設立していたのだから、この作品を最後に後進の育成に軸足を移していっても何ら不思議ではなかったのである。

だが、彼はそうしなかった。八十七歳になる今日まで、仲代は無名塾と並行して、映画だけでも三十数年間で四十本近い作品に出演し続けている。それだけではない。七十代で『春との旅』(二〇〇九年)、八十代で『日本の悲劇』(二〇一二年)、『海辺のリア』(二〇一六年)と、小林政広監督と組んだ3作品で主演まで務めている。

この3本で仲代が演じるのは、彼の実年齢に近い高齢者たちである。『春との旅』は孫娘とともに自分の人生を辿り直すロードムービー、『日本の悲劇』は人生に疲弊して引きこもる息子(北村一輝)と自らの余命を悟って引きこもる仲代の対立と救済を描く実験作、そして『海辺のリア』は『乱』以来三十年ぶりの仲代リア王を観るためだけに作られたような野外劇映画で、これもある意味で実験作だ。

この3本は、仲代達矢による「老後の初心」の体現である。これまで演じたことがない老齢期の役柄に挑み、身につけた芸を新しく見直し、経験し直すことで、優に半世紀を越えるキャリアを、彼は見事アップデートしてみせている。その芝居は、枝葉の少ない老木を思わせるシンプルかつストレートなものが多く、これこそが世阿弥のいう「せぬならでは手だてなきほどの大事を老後にせんこと」であり、「老骨に残りし花」なのかと思わせる。ひとつひとつの演技が、どれもみな素朴でありながら味わい深いのだ。

## 「老いに優れた人」から学べ

老優ならではの花を咲かせているのは仲代だけではない。吉行和子（八十四歳）もそのひとりである。どちらかというと助演が多かった女優だが、古稀以降に『御手洗薫の愛と死』（二〇一三年）や『雪子さんの足音』（二〇一九年）など計7本もの作品に主演している。今の方が全盛期といってもいいくらいの大活躍で、もはや「残りし花」とはいえないほどの満開ぶりである。八十歳越えの主演といえば山﨑努（八十三歳）もいる。『モリのいる場所』（二〇一八年）で、仙人然とした画家という難役を飄々と演じて見せた姿には、仲代の芝居にも通じる、そぎ落としたがゆえの深みが感じられた。

他にも、『フラガール』（二〇〇六年）の母親役が高く評価された富司純子（七十三歳）、『アウトレイジ ビヨンド』（二〇一二年）の血も涙もない凶悪な関西弁のヤクザで世間を驚かせた西田敏行（七十一歳）、久々の主演作『ベトナムの風に吹かれて』（二〇一五年）で往年の存在感を示して見せた松坂慶子（六十七歳）など、高齢期に新たな役柄に挑み、今なお現役を続けている役者が随分と増えた。

ご存知のように、彼らにはみな、「時々の初心」時代の代表作がある。富司純子（藤純子）には『緋牡丹博徒』が、西田敏行には『釣りバカ日誌』が、松坂慶子には『蒲田行進曲』がある。前述したように、かつては、こういった代表作をものにした映画俳優は、脇に回って、男優なら「老人」を、女優なら「若々しさ」を演じるのが普通だった。

映画俳優は、定年のない職業の代表格のように思われがちだが、それは近年になってからの話であって、二十世紀末頃まで必ずしもそうではなかった。還暦以降の平均余命が今より短かったことも相俟って、彼らにも勤め人でいうところの嘱託のような「枠」があり、老齢期に入った彼らは引退こそしないものの、その「枠」の中で演じていたのである。「老後の初心」、つまり老齢期になってまで挑戦しなければならない壁が、当時はまったく想定されていなかったということもある。

だが、平均余命が大幅に延び、世の中が老後を「余生」ではなく「第二の人生」と捉えるようになった今日では、老優たちは高齢になってからも職業人として挑むべき壁の存在を意識するようになった。「老後の初心」に向かってさらに研鑽を続け、自らの個性を活かした新境地をどんどん切り拓いていくようになったのである。晩年に自分だけの老木に残る花を咲かせることは、彼らのキャリアデザインの中ではもはや当たり前になってきているのだ。私が、現代の老優たちを「老いに優れた人」と考える理由はここにある。

世阿弥のきわめてシビアな要求に応えている彼らから学ぶことは多い。特に、彼らの「三つの初心」の乗り越え方と「花」の咲かせ方は、役者のキャリアデザイン論という枠を越えて、ひとつの普遍的な人生論としての魅力に満ちている。

「老いに優れた人」である彼らが、「是非」「時々」という二つの初心をどうクリアし、そのあと「老後の初心」にどのように挑んでいったのか、またその咲かせた「花」の姿はどのようなものだったのか、次章以降で順にひとりずつ見ていくことにしよう。

四十八人が咲かせた四十八種類の花は、実に多彩でひとつとして同じものはない。また、その色・形・匂いは、人生の機微と示唆に富んでいる。これらの花の中に、あなたが目指すロールモデルが見つかることを、心から祈っている。

AGING IS AMAZING!

# 第１章

# 別の切り口で魅せる

レッテルとは、これまで家庭や会社で果たしてきた役割のことでもある。しかるべき時期に、その役割を返上してみるのも、ひとつの優れた老い方である。自分の守備範囲を固定しなければ、まだまだ生き方の幅は広げていける。そんな挑戦の中に、もしかしたら意外な「はまり役」が見つかるかもしれない。

AGING IS AMAZING!

# 西田敏行はご機嫌より不機嫌がいい

心根が明るい。憎めない。情に厚く涙もろい。いつまでもそういう面ばかり取り上げて西田敏行を語るのはよくない。役者として半世紀を越えるキャリアを持つ大ベテランに対して失礼というものだろう。確かに西田は長年ご機嫌な芝居が多かった。しかし、還暦を越えてからは、むしろ不機嫌な芝居の輝きの方が増してきているように思う。

たとえば、『ラーメンガール』(二〇〇八年)の西田は始終ムスッとしている。このアメリカ映画の日本描写は、よくありがちな誤解がなく、かなりリアルだが、西田演じるラーメン屋のオヤジにも、近所にいそうな現実感がある。無口というより口下手。不愛想で、短気で、頑固。典型的な職人気質だ。彼のラーメンは人を笑顔にするが、自身は笑顔を見せない。弟子入りするヤンキー娘の育て方も「目で見て盗め」の職人方式だ。

この職人キャラクターは、さらにグレードアップして近作『マエストロ!』(二〇一五年)の、むちゃくちゃ口は悪いが腕(耳)は確かな指揮者役に受け継がれている。本作における西田の不機嫌さは凄まじい。楽団員に罵詈雑言を浴びせながらオーケストラ全体を鍛え上げていく姿は、『フルメタル・ジャケット』(S・キューブリック監督)の鬼教官さながらのダークな輝きを放っている。

ダーク路線の極めつきは、『アウトレイジ ビヨンド』（二〇一二年）の関西やくざの幹部役だろう。北野武作品の本当の怖さは、暴力描写よりも人間関係の描写にある。野暮ったい人物が「この世間知らずが！」とばかりにズタズタにされるところが、正視に耐えないくらいむごい。この作品では光石研が西田にコテンパンにやり込められている。

光石は西田の組事務所で「今日は会長いらっしゃらないんですか」と尋ねただけなのだが、その一言が西田の逆鱗に触れてしまう。「は？ 会長が今日おられるかどうかと、おのれらとなんか関係あるんけ？」。西田はこのセリフを、決して怒鳴らず、あくまでも普通のトーンで、ゆっくりと言う。「てめえらが会いたいからいうて、すぐ会えるほどうちの会長安うないで」。ぐうの音も出ない光石に西田は「なあ？」とさらにかぶせる。返事がなければ「だよな？」とまだかぶせていく。しつこい。光石がやっと返せたのは「です…」だけである。もうやめてあげてほしい。光石の顔色が悪すぎる。

本作には、この場面以外にも、兄貴分のビートたけしと中野英雄が盃を貰いに西田のもとを訪ねたら、話を覆されて怒鳴り合いの大モメになるシーンがある。ここでも無慈悲にハシゴを外すのは西田だ。

我々の日常でここまで激しいやり取りをすることはまずない。なのになぜか妙なリアリティがあるのは、西田の芝居に、やくざの幹部でありながら取引先のややこしい部長にも見える実在感があるからだ。

光石が不用意な一言をなじられる場面は、「失言で先方を怒らせてしまった失敗」を思い出させる。たけしを連れて挨拶に出向いたのに話が通っていない場面は、「上司を連れて営業のクロージングに臨んだのに先方につれなくされた失敗」が頭に浮かぶ。それは北野演出の巧妙な仕掛けなのだが、それを現実感たっぷりに伝えてくるのは、これもまた巧妙な、西田の不機嫌な芝居なのである。

心根が暗い。憎たらしい。血も涙もない。そんな西田敏行がたまらなく、いい。

AGING IS AMAZING!

# 倍賞千恵子には隠し事がよく似合う

隠し事をする女は嫌いだと、健さん演じる勇作が妻役の倍賞千恵子を責める。『幸福の黄色いハンカチ』（七七年）のワンシーンである。だがよく考えてみれば、彼自身、何か過去がありそうな女だったからこそ彼女に強く惹かれたのではないだろうか。もしそういう陰のある雰囲気が彼女にまったくなければ、一緒になろうとまでは思わなかったのではないか。隠し事には理屈を超えた引力がある。秘めているからこそ滲み出る魅力がある。倍賞千恵子にはそういう役柄がよく似合う。

このシーンで彼が責めているのは、彼の子を流産してしまった彼女が、実は以前にも流産していたことを黙っていたからなのだが、唐突な感じがしないのは、この少し前の場面で、高倉の家に訪ねてきた彼女が「わたし結婚したことがあるのよ」と告白する伏線があるからだ。しかし流産のことまではいわない。いや、いえない。玄関に立ったたま、目を合わさずに「部分的に告白」するその姿が、たまらなく切ない。

いうまでもなく、秘密というものはドラマ上で重要な役割を果たす。秘密を守ろうとすることがスリリングなストーリー展開を生み、秘密が明るみに出ることが物語を劇的に転換させる。倍賞が演じる秘密も、それぞれの物語の中で欠かすことのできない役割を担ってきた。

二十代で主役を演じた『霧の旗』（六五年）では、兄の仇である弁護士への秘めた復讐心が物語の軸となっていた。前述した『幸福の～』は三十代の出演作だ。彼女の隠し事が引き金となって自暴自棄になった高倉は、喧嘩で人を殺めて刑務所に入ることになってしまう。

四十代になった彼女は、『霧の旗』と同じ桐子という役名で、今度は飲み屋の女将を演じる。名作『駅 STATION』（八一年）である。この作品でも、彼女が抱える秘密は物語の重要なカギとなっている。相手役はまたもや健さんだ。紅白歌合戦で八代亜紀が歌う『舟唄』が流れる中、二人がコップ酒を酌み交わしながらカウンターで寄り添う場面は、邦画史の一頁そのものといっても過言ではない。互いの心の隙間を埋め合うように惹かれ合う男と女。つかの間の安らぎ。だがその足元には、秘め事が引き起こす悲劇が忍び寄ってきている。

古稀を越えてもなお、彼女は隠し事する女を演じ続けている。『小さいおうち』（二〇一三年）は、秘密自体がモチーフになっている作品だ。戦前、とある家庭で女中をしていた老女がある秘密を胸の内に隠しながら自叙伝を綴っていくという形式で物語は進む。この老女を演じるのが倍賞だ。語り手であるため、時には声だけになることもあるが、ナレーションの仕事でも高い評価を得ているだけあって、ただ淡々と語っているようでも聞き応えがある。

本作でも彼女は「部分的に告白」する。最も重要な秘密については最期まで口を閉ざし、残された者があとからそれを知ることになる。人生には言葉にできない苦しみもある。それを、語らないことで語る倍賞の「隠す芝居」は、もはや達人の域だ。松たか子と黒木華の演技ももちろん素晴らしいが、彼女のこの芝居は、作品全体に深い奥行きを与えている。抑えれば抑えるほど逆に滲み出る存在感。「女は無口なひとがいい」とは、まさにこのことである。

AGING IS AMAZING!

# 藤 竜也のウラ役もまた良し

オモテがあればウラがある。善人ぶっていても実はワル、という話ではない。熟練の役者が晩年になって、最盛期に知られた役とは正反対の、あるいは最盛期の役にひねりを利かせた役を演じることがある。そういう意味でのオモテとウラである。コミカルからシリアスに転じる者もいれば、その逆もある。それこそ善人からワルに衣替えする者もいる。それを観ることは我々観客にとって妙味のある体験だが、役者自身にとっても、長く生きてきたからこそできる表現であり、醍醐味だろう。

近年の藤竜也は、このウラを愉しんでいるように見える。彼の最盛期のオモテは、ワルであり、インモラルであり、ハードボイルドだった。たとえば、ワルは『野良猫ロック』シリーズ（七〇～七一年）や『不良番長』シリーズ（七二年）、インモラルは『愛のコリーダ』（七六年）や『愛の亡霊』（七八年）、ハードボイルドは『友よ、静かに瞑れ』（八五年）や『行き止まりの挽歌　ブレイクアウト』（八八年）である。還暦を越えた頃から、藤はこれらのフィルモグラフィーを辿り直しつつ、様々な切り口でウラを演じてきた。

ワルのウラには『許されざる者』（二〇〇三年）をあげたい。渡辺謙主演の同タイトル作品のようなスケール感や格調はないが、加藤雅也、北村一輝、石橋蓮司など、出ている役者がとにかくみんな輝いている。中でも藤が演じるずうずう弁の殺し屋がいい。格闘時の身のこなしも、銃や手榴弾の捌きっぷりも、すべていい具合に肩の力が抜けている。若い頃にはなかった飄然としたカッコよさがある。

インモラルのウラなら『私の男』(二〇一三年)だ。家族が欲しいという浅野忠信の見通しの甘さを家庭人として窘め、不道徳に耽溺する二階堂ふみに人の道を説く。かつて大島渚監督作品で愛欲の限りを尽くした男が、道ならぬ恋に殉じようとする一途な女を諭す。邦画史へのリスペクトが滲む絶妙な配役である。

ハードボイルドのウラには『村の写真集』(二〇〇三年)を推したい。藤演じる写真館の主人は、ビシッと三つ揃いを着込んで山村の人々を黙々と撮って歩く。車は使わない。あくまでも徒歩を貫く。これは、銃を写真機に持ち替えた藤が、ダムに沈みゆく村に、写真という名の鎮魂歌を捧げる静かなハードボイルドである。

藤は古稀を越えて再度ワルのウラに挑んだ。北野武監督の『龍三と七人の子分たち』(二〇一五年)である。今度はさらに力を抜いてコメディかと思いきや、これが逆なのだ。彼が力を入れて古いタイプのやくざを熱演すればするほど、周囲とのギャップが笑いに転じるという趣向になっている。これまでになかった役柄だが、そのような世界観の中にあっても、ダンディズムと哀愁を漂わせるところはさすが藤竜也だ。さりげない佇まいに色気が滲む。

オモテで実績のある人がウラをやるのは、意外性という高下駄を履いているからズルいという声もある。しかし、逆張りで痛々しい結果に終わる者もいるだろう。ウラで魅せるというのは、誰にでもできるわけではないのだ。

AGING IS AMAZING!

# 草笛光子のカリスマ性がギラリ

第1作がヒットすればシリーズ化され、次々と続編が製作されるという映画の黄金時代が、かつてはあった。東映には高倉健の『昭和残侠伝』や『網走番外地』、大映には勝新太郎の『座頭市』や『兵隊やくざ』、日活には小林旭の『渡り鳥』をはじめとする『無国籍』、そして東宝には森繁久彌の『社長シリーズ』があった。この大ヒットシリーズで、バーのマダムや芸者など、色っぽい夜の女を数多く演じてきたのが、草笛光子である。

森繁がバーで草笛マダムを口説くものの、結局は浮気できないというパターンはあまりにも有名だが、よほどのファンでない限り、1シーンを観たくらいでは何作目なのか区別がつかないだろう。同じシリーズで、同じような役を、同じ俳優が繰り返し演じることは、当時のお約束だった。またその確信犯のマンネリがウケてもいた。小林桂樹の秘書然り、三木のり平の宴会部長然り、草笛も常連俳優の一人として、典型的なバーのマダムをストイックに演じ続けていたのである。

草笛が喜寿を越えて出演した『デンデラ』（二〇一一年）は、今村昌平監督の『楢山節考』の後日譚を、息子の天願大介監督が独自の切り口で描いた野心作である。正直、作品の出来は親父さんとは比べるべくもないが、姥捨てされた者だけの隠れ里・デンデラをつくった長老役を演じる草笛が、ひとりギラリと光っている。

共同体の長として、極寒や飢えと闘いながら「女の園」を治める姿は、かつて演じ続けたやり手のマダムのようだ。ただ、このマダムは男のご機嫌を取ったりはしない。そればかりか、自分を棄てた男社会の村に夜討ちをかけて滅ぼそうと画策しているのだ。

本作での草笛の芝居は典型からは大きくはみ出している。往年のマダム役や、近年ホームドラマで見せてきた品の良い老婦役からは想像もつかない怪演である。ほぼ同時期の『武士の家計簿』（二〇一〇年）で、家族の一員にそつなく収まっている女優と同じ人とはとても思えない。晩年になってこういう突き抜けた役柄に挑戦する役者魂には頭が下がる。

この作品の見どころは、草笛演じる長老のリーダー像が丁寧に描かれている点だ。「年寄りは屑だか？ 屑ではねえ、人だ！」と事あるごとにカリスマ性たっぷりの演説をぶち、「俺たちは一度死んだんだ」という殺し文句で皆の心を束ねる。そしてその束ねた心を、自らの悲願である故郷の村への復讐に向かわせる。

集落が人食い熊に襲われる危機にみまわれても一丸となって立ち向かい、逆に彼女らの士気を高めてみせる。その一方で、村への復讐を心底願っているのは自分だけで、皆にとっては夢中になれるひとつの目標に過ぎない、ということも冷静に見抜いていたりする。草笛の厚みのある芝居が、リーダーシップのあり方とその孤独を、陰影深く浮かび上がらせている。

実は本作の主演は浅丘ルリ子なのだが、これは完全に草笛の映画である。「アナタは若い頃に『渡り鳥』とかのヒロインでさんざん目立ったじゃない。たまには譲ってよ」草笛マダムのそんな声が聞こえてきそうだ。

# 三浦友和の二枚目が一皮むけた

アイドルから転身したといわれ続ける女優がいる。デビュー時のキャッチフレーズがいつまでもついて回る男優もいる。レッテルというものは、一度定着すると変えることはなかなか難しい。それを上回るインパクトのある実績がなければ、上書きされることはまずない。

三浦友和の場合、まず彼自身よりも伴侶の存在感が桁外れだった。今もって「伝説の歌姫」「時代と寝た女」と語り継がれる、ほぼ歴史上の人物である。そんな超大物の相手役を『伊豆の踊り子』（七四年）から『古都』（八〇年）まで12作も務めた末に結婚したのだから、本人の個性よりも「その夫」というイメージの方が強くなってしまうのは、ある意味仕方ないことだったのかもしれない。

加えて彼自身には、二枚目俳優のレッテルがべったりと貼り付いていた。それは、端整な顔立ちということだけでなく、常に清く正しいというイメージも含めてのレッテルであった。彼の略歴にいつまでも「『台風クラブ』（八五年）の演技で新境地」の文言があるのはその証左だ。確かに、同作品の人間臭い教師の芝居は当時新鮮ではあった。だが、「あの二枚目俳優が」という高下駄を履かせた評価であった感は否めない。三浦はその後ずっとこれをいわれ続けたわけで、それほどまでに二枚目イメージの刷り込みというものは強烈なのだ。

それゆえに、還暦の頃から三浦が見せはじめた、新境地を更新し続けるかのような活躍ぶりには素直に拍手を送りたい。『死にゆく妻との旅路』（二〇一〇年）の車で旅をしながら自力で愛妻を看取ろうとする夫。『ＲＡＩＬＷＡＹＳ 愛を伝えられない大人たちへ』（二〇一一年）の妻の反乱に戸惑う頑固一徹な定年間際の運転士。いずれもひとつの事柄にこだわり続ける不器用な男たちを手堅く演じているが、どちらの役にも二枚目の純情さや誠実さが垣間見えるところが魅力になっている。かつてレッテルでしかなかったものが、円熟味を増した芝居の中でいい隠し味になりつつある。

そんな三浦の新境地の中からあえてベストをあげるならば、『沈まぬ太陽』（二〇〇九年）や『アウトレイジ』（二〇一〇年）の小心ゆえに徹底的に狡猾な悪役も捨てがたいが、ここはぜひ『転々』（二〇〇七年）を推したい。善人↓悪人よりも、善人↓変人の方がより新境地だと思うからだ。

同作品の大半は三浦とオダギリジョーの「だべり散歩」で構成されている。三浦の「おまえウツボカズラとモウセンゴケのどっちが好き?」「刑務所の中ってやっぱ圏外なのかな?」といった独特なボケに対し、オダギリと観客が一緒になって「はあ?」とひたすらツッコミ続ける。一言でいえばそういう作品である。ただ、そんな風変わりな言動の隙間に「好きって気持ちはすり減るだろう?」とか「いま東京の思い出の場所の半分はコインパーキングになってるからな」など、歌詞のようなセリフがフッと入ってきて虚をつかれる。ボケとリリックの波状攻撃にさらされているうちに、劇中のオダギリ同様、ゆるゆると三浦に魅了されてしまうのである。

つかみどころのない芝居で観客の心をつかむ。かつて見たことがない三浦友和の姿である。これぞ掛け値なしの新境地なのではないだろうか。

AGING IS AMAZING!

# 富司純子の華、藤 純子の花

九六〇年代から七〇年代はじめにかけて量産された任侠映画は、明治期〜昭和初期を舞台にした時代劇であり、ファンタジーであった。仁義を貫いて生きる人間など、現実では滅多にお目にかかれない。だからこそ、人々は彼らの荒々しくも美しい生き方に憧れ、喝采を送り、酔いしれたのである。

『緋牡丹博徒シリーズ』（六八年〜七一年）の矢野竜子役で名を馳せた藤純子（ふじ・じゅんこ）は、鶴田浩二、高倉健と並ぶ任侠映画の大スターだった。任侠界という男社会で女侠客として一歩も退かない度胸。権力者たちの理不尽な仕打ちや野暮に対する胸のすくような啖呵。様式美に彩られた殺陣と粋な立ち居振る舞い。緋牡丹の花の刺青とともに一途な純情を内に秘めたそのストイックな姿は、まさにダークファンタジーのヒロインそのものであった。

一九七二年、歌舞伎界のスター・尾上菊之助（当時）との結婚を機に一旦スクリーンを去った藤が、富司純子（ふじ・すみこ）の名で映画界に返り咲いたのは、それから十七年後のことであった。復帰作『あ・うん』（八九年）は、健さんのほのぼのとした社長役にも驚かされた作品だったが、それ以上に目を引いたのは、相手役である富司の変わりようだった。任侠の鎧を脱ぎ捨て、女の性を露わにしたその華やかな芝居は、藤時代を知る者に鮮烈な印象を与えた。この作品には、齢を重ねて厚みを増した彼女のリアルな人間味が溢れている。まずファンタジーから足を洗ってみせることが、富司純子のデビューにはどうしても必要だったのである。

その後の富司は、より現実感のある自立した女性を数多く演じていくことになる。炭坑町の気丈な母親を演じて高い評価を得た『フラガール』(二〇〇六年)以外にも、『櫻の園　さくらのその』(二〇〇八年)の規律を重んじる名門女子校の教頭役や、『人生、いろどり』(二〇一二年)の口は悪いが友情に厚い雑貨店の老婆役など、印象に残る仕事は少なくない。

そのような富司のキャリアの中で、久々に彼女の人間味をじっくりと見せてくれたのが『舞妓はレディ』(二〇一四年)だ。置屋の女将という役どころは深作欣二監督の『おもちゃ』(九九年)と同じなのだが、この作品での富司は、コメディということもあってカラリと明るく、また凛とはしているものの、どこか肩の力が抜けていて実にいい塩梅なのである。

中でも、舞妓に必須の京言葉習得のプレッシャーから声が出なくなってしまった主人公(上白石萌音)に対して、富司がそっと寄り添うようにして自分の歩んできた道を語って聞かせる場面が絶品だ。足をくずして箪笥に背中をあずけ、湯飲みを持ってゆったりと話すその姿の美しさ、台詞まわしの巧さ、微妙な表情の豊かさには、観ていて思わず唸り声が漏れる。

その昔、舞妓の駆け落ちを手引きしたという話は、同じようなエピソードがある『日本女侠伝　侠客芸者』（六九年）の藤純子の台詞に聞こえる。スター俳優との恋愛話は、そのまま旧姓・俊藤純子（しゅんどう・じゅんこ）のものだろう。そして「自立した女として生きていける、そんなお茶屋にしたいと思たんや」と自分の職業人生を振り返るくだりは、紛れもなく富司純子の言葉である。この場面には、女の侠気と、恋と、自立を語る、3人の純子が居る。ひとりの女優の人生が詰め込まれたかのような、感慨深いワンシーンである。

AGING IS AMAZING!

# 小日向文世のにっこりばっさり

小日向文世。やさしい字面だ。こひなたふみよ。まるで童話作家のようなやわらかい響きである。もちろん名前だけではない。話し方も態度も、トゲやカドがなく柔和そのものだ。『銀のエンゼル』（二〇〇四年）の慣れない仕事に右往左往するコンビニ店長、『K－20 怪人二十面相・伝』（二〇〇八年）の格差社会を憂うサーカス団の団長、『サイドウェイズ』（二〇〇九年）の気のいい自由人の脚本家など、これまで演じてきた役柄の多くは、どれもやさしくやわらかい人物ばかりだ。『いま、会いにゆきます』（二〇〇四年）と『そのときは彼によろしく』（二〇〇七年）では、両作ともに難病を抱えた若者に寄り添う町医者を演じた。中村獅童に、長澤まさみに、それぞれ包み込むように接する演技は好感度抜群だった。

そんな小日向のひとつの転機となったのは、やくざ顔負けの悪徳刑事をにこやかに演じた『アウトレイジ』（二〇一〇年）だろう。この役によって、彼の役者としての幅が一気に広がったのは間違いないが、それ以前にも、にっこり笑ってばっさり斬るような、彼独自の好演はいくつかあった。

たとえば『深紅』（二〇〇五年）の、妻を亡くした男（緒形直人）から保険金を騙し取る社長役などは、あたりは柔らかいがやることはえげつない役柄の典型だろう。緒形に話が違うと詰め寄られても涼しい顔で受け流し、不正なキックバックを勧めてそれで我慢するよう逆提案してくるような男である。一見紳士然としていながら、実は卑劣な悪党という役の見せ方は、いかにも小日向流だ。

痴漢冤罪裁判を題材にした『それでもボクはやってない』（二〇〇六年）の裁判長も非常にいい悪役だった。最初から主人公（加瀬亮）の無罪が観客に知らされている本作では、裁判長がいわゆる敵役になるのだが、弁護側の申し出をことごとく却下し、セオリー通りに裁判を進めていく小日向の冷淡さは、観ていてほんとうに憎々しい。終始一貫した無表情、間髪を置かない受け答え、取り付く島のない断定調の語尾、そういった小さな所作や台詞まわしを丁寧に積み重ねて、小日向は、有罪率九九・九％という司法の姿を象徴的に形作っていく。時に顔をほころばせることがあっても、ばっさり斬る判断自体は変えない。そこには、絶望を事務的に手渡しされるような、得もいわれぬ恐ろしさがある。

近年の作品の中では、本能寺の変のあとの後継問題と領地再配分を巡る人間模様を描いた『清須会議』（二〇一三年）の丹波長秀役も、彼の持ち味が存分に活かされた配役だった。柴田勝家（役所広司）、羽柴秀吉（大泉洋）、池田恒興（佐藤浩市）ら居並ぶクセ者を相手に評定を主導する長秀は、小日向にうってつけの役柄だ。

各人の権謀術数がうずまく中、彼は見事な手腕で根回しを重ねていく。本番の評定を仕切るだけでなく、その結果に不満を持つ織田信孝（坂東巳之助）らへの説得や、盟友にもかかわらずばっさり斬ってしまった勝家へのフォローまで行う。そのテキパキと抜かりのない活躍ぶりは、切れ者の参謀という表現がまさにぴったりだ。彼の立ち居振る舞いはあくまでも穏やかかつ冷静で、全力で奔走していても決してそのようには見えない。いや見せないところが、実に小日向文世らしいのである。

AGING IS AMAZING!

# 岩下志麻の華麗なる転身

岩下志麻は、二軸を行き来しながらフィルモグラフィーを紡いできた女優だ。二軸とは夫・篠田正浩監督作品という軸と、それ以外の監督作品という軸である。

一九六〇年代、松竹ヌーベルバーグの一人であった「篠田軸」に出演する際の岩下の役柄は先鋭的で、一方の「非篠田軸」に出演する時は松竹の看板女優らしいホームドラマ的役柄が中心だった。前者の代表作は、ATGの傑作として名高い『心中天網島』（六九年）の文楽人形的アヴァンギャルドな芝居。後者の代表作は、小津安二郎の遺作『秋刀魚の味』（六二年）のヒロイン役だ。

その後「篠田軸」の先鋭さは、まるで人が変わったかのように失われて丸くなり、出演する岩下の役柄も自然とオーソドックスになっていく。『桜の森の満開の下』（七五年）の鬼女や『はなれ瞽女（ごぜ）おりん』（七七年）の瞽女あたりまでが、「篠田軸」での彼女の個性的な芝居の最後だったのではないだろうか。

面白いことに、そうなると今度は逆に彼女は「非篠田軸」で個性的な役どころを演じていくようになる。野村芳太郎の『鬼畜』（七八年）での児童虐待鬼嫁、五社英雄の『鬼龍院花子の生涯』（八二年）での極妻、降旗康男の『魔の刻』（八五年）での息子との禁断の愛に堕ちてゆく母親など、これら男盛りの監督たちとの脂の乗った仕事ぶりからは、

「夫とはこういうことはしないのよ」という岩下の艶めかしい囁きが聞こえてくるかのようだ。中でも『鬼畜』で幼児の口に無理やりメシを押し込む鬼嫁芝居は、この場面の裏返しである緒形拳との濡れ場とともに、そのえげつなさにおいて邦画史に残るトラウマ的名シーンであるといっても過言ではないだろう。

「非篠田軸」で培われたこれらの蓄積は、再び五社英雄と組むことによって爆発する。『極道の妻（おんな）たち』シリーズ（八六〜九八年）である。1作目の主演を岩下が務め、その後、十朱幸代、三田佳子と続くが、4作目で岩下が再登板となったあとは、そのまま10作目まで主役を張り、結果的に彼女の代表作となる。

岩下はこのシリーズで、映画の道を極めた東映出身の個性的なベテラン監督たちの色にその都度器用に染まってみせながらも、1作目で確立したド迫力の姐御キャラを貫く。山下耕作組（『覚悟しいや』（九三年）他）では正統派任侠映画の世界で期待通りの華のある芝居を魅せ、中島貞夫組（『決着（けじめ）』（九八年）他）ではこの監督のマイノリティーへの温かい眼差しに寄り添ってみせる。

中でも見せ場たっぷりなのが、降旗康男組の『惚れたら地獄』（九四年）である。極妻同士のブランデー一気飲み対決。指をつめる時の躊躇いの無さ。銃を突きつけられてからの腹の座った台詞回し。葬式では仇敵相手にマシンガンをぶっ放し、「極道の女としてかく致す他なく、ただいまケジメをつけさせてもらいました」と啖呵を切る、いやこれはもはや大見得を切ると表現した方が正しい。映画一本丸ごと岩下歌舞伎である。

小津に見出され、松竹大船調で育ったお嬢様が、自分のことを「ワテ」と称し、「死ね」だの「クサレ外道」だのいいながら、撃ちまくり殺しまくって東映の女神を演じきる。その姿はこの上なく痛快だが、同時に限りなく淫らな美しさに満ち満ちている。

AGING IS AMAZING!

# 第2章

# そのレッテル、引き受けた

とかく世間はレッテルを貼りたがる。ひとつの生き方を貫くことで貼られるレッテルもあれば、
ひとつの生き方のインパクトが強すぎて貼られるレッテルもある。
行きがかり上、あるいは不本意ながら貼られたそのレッテルを、あえて受け止め続ける。
それもひとつの優れた老い方である。

# 高橋恵子は妄想を誘発する

作品の中に高橋恵子を観るとき、我々は彼女の決して平坦とはいえない半生を思い浮かべてしまう。もちろん仕事と私事は別物だ。しかし決して不可分ではないのも事実だろう。高橋がひとつの役柄を演じるとき、我々はそこに彼女の波瀾万丈な人生を重ね合わさずにはいられない。

高橋恵子、当時関根恵子のデビュー作は『高校生ブルース』（七〇年）だった。彼女を主演に据えた大映のこの路線は、『おさな妻』（七〇年）や『高校生心中　純愛』（七一年）など、わずか2年弱の間に7本もつくられた。

これらの作品群の魅力は、性的な匂いだけでなく、高橋が背伸びしているいじらしさや危なっかしさにある。ブルースも、心中も、妻も、すべて大人のものだ。それを承知の上で、高校生なのにブルース、高校生なのに心中、おさないのに妻、としたところに、製作側の蠱惑的でしたたかな狙いがあった。

そういった世界観に、その脱ぎっぷりのよさも含めて、高橋は見事にハマっていた。ハマり過ぎていた。それゆえに、多くの男たちは役柄を人物に重ねて「本当に危なっかしい女なのではないか」と彼女への妄想を募らせた。妄想の誘発が女優の重要な資質のひとつだとするならば、高橋は最初からそれを持っていたのだ。

その後、高橋が自殺未遂をしたとき、また舞台に穴をあけて作家とタイに逃避行したとき、男たちは「本当に危なっかしい女だったのか」と、驚きとともに思ったのである（事実はそれほど単純なものではなかっただろうが）。そして騒動が収まったあとの復帰作『ラブレター』（八一年）を、逆に今度は人物を役柄に投影して観たのだ。この作品は当然大きな話題となり大ヒットを記録した。ここまで公私綯い交ぜに観られてきた女優もそう多くはないだろう。

そんな高橋が二十数年ぶりに主演した『カミハテ商店』（二〇一二年）を観て心を揺さぶられた。彼女のある種の達観を感じたからだ。ネット上で自殺の名所として噂になっている断崖のそばに、コッペパンと牛乳を売るうらぶれた商店がある。高橋はこの店の主を演じている。彼女は自殺しようとする者たちを止めない。黙って最後の晩餐であるパンと牛乳を売り、翌朝、現場からカラの瓶と靴を回収する。それをただ淡々と繰り返すのである。

これは、公私を重ねて観てください、むしろそう観てください、ということだろう。かつて死のうとしたこともある私が、自殺の名所で毎日パンを焼いて売る役を演じています、それを観てください、という高橋の悟りの芝居なのだ。

本作の高橋は、色気も愛想もなく、表情すらほとんどない。台詞も極端に少ない。ここまで艶を消した彼女を観るのは初めてだ。自殺客を相手に黙々と店番を続ける姿は、まるで修行僧のようである。侘びしい店が庵に見えてくる。自殺者の靴が位牌に見えてくる。パンをこねる姿が行に見えてくる。

女優にとって、不祥事は必ずしも不名誉ではない。名誉だとまではいわない。それでも、多様な人生や過剰な生き様を体現して人に見せる生業にとっては、それもまたひとつの価値となりうる。高橋恵子を観て改めてそう思う。

AGING IS AMAZING!

# 桃井かおりは出すぎた杭である

出る杭は打たれる。歯に衣着せぬ物言いや独特な語感をもつ言い回しは、バッシングの格好の標的だ。かつてはマスコミが、いまやネット上で個人までもが、出る杭を打つ時代である。

桃井かおりもかつてはよく打たれていた。いまになってみれば単に正直なだけだったように思えるのだが、昔はインタビューなどではっきりモノをいう女性が少なかっただけに、余計に目立ったのである。あの気怠そうな話し方を態度が悪いといわれ、演技に対する自他を問わない厳しい姿勢を生意気だと叩かれていた。

彼女が素晴らしいのは、このレッテルを逆手に取って「ほら、こんなに態度が悪くて生意気な女、大嫌いっしょ?」とばかりに役柄に昇華させてしまったところだ。『疑惑』（八二年）の鬼塚球磨子役がそれである。

公開当時、保険金殺人の嫌疑をかけられるこの役には、やや映画的な誇張を感じたものだが、いまとなっては圧倒的にリアルだ。その後、実際にマスコミに露出することになる数々の悪女（と呼ばれる女たち）は、すべてこの球磨子の模倣である。そんな無茶な言い方をしてみたくなるほど、彼女の表現は先を行っていた。予言めいていた。

煙草の吸い方、髪を掻きあげる仕草、失礼な半笑い、値踏みするような目つき、常に体幹が傾いた立ち方や座り方など、桃井は考えに考え抜いて「悪女の態度」を作り込んでいる。口が汚くて声が大きいだけの底の浅いワルなどではないのだ。

もちろん野村芳太郎監督の巧みな演出もある。だが、それを文字通り体現してみせた桃井の力量にも驚かされる。身勝手で、感情的で、憎たらしいが、人間臭くて、正直すぎて、そのマイペースぶりに思わず笑ってしまうような、オリジナリティ溢れる悪女である。こんなものを観せられては、もう雰囲気だけの女優だなどという悪口は誰もいえなくなる。

出すぎた杭は打たれない。独自の個性に深みのある演技を加えた彼女の芝居は、その後どんどん幅を広げ、磨き上げられていく。『生きてみたいもう一度　新宿バス放火事件』（八五年）では心身ともに火傷を負った女を熱演し、『TOMORROW　明日』（八八年）では抑えた芝居で市井の妊婦をシリアスに演じる。かと思えば『木村家の人びと』（同年）では軽やかに銭ゲバ主婦に変じてみせる。それぞれまったく異なる役柄を演じながらも、桃井らしさは際立っている。

近年では年相応の脇役を引き受けることも増え、『昴－スバル－』（二〇〇九年）ではバレエの小劇場の支配人、『ヘルタースケルター』（二〇一二年）では辣腕を振るうステージママを演じている。もちろん、桃井が演じる以上ただの脇役であるはずはなく、主役の人生を左右する重要な役どころを務めている。

前者は成長の物語、後者は破滅の物語というまったく正反対の形式を取りながら、どちらも若い女性の自立を描いているところが面白い。桃井の役割は、新しい世界の入口に立つそんな彼女たちの背中を押すことだ。いまや邦画界に黒光りを放って屹立する「杭」は、脇に回ってもやはり、どこからどう見ても出すぎている。

AGING IS AMAZING!

# 仲代達矢はクドくて、重くて、うまい

「自然な芝居」が主流の時代だというのはわかる。玄米と根菜、ライ麦パンと野菜スープのセットのような作品が多いので、淡泊な素材が求められているという事情もよく理解できる。また、そういうタイプの作品が味気ないのかといえばそうではなく、名作・佳作が少なからずあるのも認める。だからといって「芝居がかった芝居」がもう不要なのかといえば、そうではないだろう。ステーキやカツ丼を作れなくなるのは困るし、自然派メニューにも、旨味や食べ応えを出すために脂質や蛋白質を足した方がいい場合もある。

厚み。深み。威厳。そんな言葉をいくら並べても表現しきれない風格。仲代達矢が持つその類まれなる力を、数多の巨匠たちは求め続けた。黒澤明は『影武者』(八〇年)や『乱』(八五年)で。小林正樹は『人間の條件』(6部作/五九～六一年)や『切腹』(六二年)で。山本薩夫は『金環蝕』(七五年)や『不毛地帯』(七六年)で。岡本喜八も五社英雄も皆、滋味がたっぷり詰まった彼の「芝居がかった芝居」を欲した。

もちろん仲代の芝居の幅は非常に広い。成瀬巳喜男に望まれて自然な演技もすれば、市川崑の期待に応えて癖の強いキャラクターも演じてみせる。ただ、彼の最大の魅力は、やはりあの唯一無二の眼光をフルに使った熱演にある。

たとえばそれは『乱』に端的に表れている。本物の火矢が飛び交う天守閣や炎上する城という物凄いシチュエーションの中にいても、仲代はかすまない。負けない。ぐいぐい前に出てくる。また、彼が正気を失って荒野を彷徨する芝居は1時間を超えるが、そのときの人間離れした幽鬼のようなメイクは、下手をすれば側にいる道化役の池畑慎之介よりも道化である。だが、決してそうは見えないのだ。彼が演じれば、運命に翻弄される人間存在というシリアスな世界がそこに成立する。

喜寿を越えて久しぶりに主演を務めた『春との旅』（二〇〇九年）は、老いた元漁師と孫娘のロードムービーである。仲代は『乱』で3人の息子たちを訪ねてまわったように、この作品では4人の老兄弟たちを訪ねて歩く。普通に考えれば自然な芝居がしっくりくるような物語に、小林政広監督はあえて彼の芝居がかった芝居を投げ入れている。だが、もはや作品と俳優のマッチングがどうだとかそういう次元の話ではない。これは、仲代の国宝級の濃厚な「舞台」を、長回しの映像でじっくりと堪能するための映画だ。

独特な早足、夕暮れの駅に佇む姿、水筒の水を飲む、二十年ぶりに酒を飲む、生まれて初めてコーヒーを飲む、ホテルのロビーで弁当を食べる、うまそうにラーメンをすする、怒鳴る、涙ぐむ、はにかむ…そのすべての芝居に目が釘付けになる。「みんないろいろあるんだなあ」「すっかり変わっちまった」「いいときはみんないい、わるいときはみんなわるい」どこかで聞いたような台詞でも、仲代が口にすればなぜか陳腐には聞こえない。そしてじんわりと沁み込んでくる。

クドくて、重い。しかし、うまい。ステーキやカツ丼とはそういうものだ。そうでなければいけないものだ。

# 三田佳子は女優女優

『極道の妻たち　三代目姐』（八九年）で、坂西組組長（丹波哲郎）の妻を演じる三田佳子は、ストーリーとはあまり関係なく元女優という設定になっている。極妻の美しさがひとつの見どころになっているシリーズとはいえ、なぜわざこのような説明が加わるのか。それは、この時代、三田佳子といえば女優であり、女優といえば三田佳子だったからだ。

観客の身勝手な願望や思い込みも含めて、三田はある時代の世間が考えていた女優っぽさを体現して見せた役者のひとりである。主演作のヒット、数多の受賞歴、CM女王といった輝かしいキャリアは、我々の「女優は華やかな別世界の住人」というイメージそのものであった。その一方で、息子の不祥事への対応のマズさや非常識な甘やかし方には、「別世界に住むがゆえの世間知らず」という妙なリアリティがあった。毎月数十万円という常軌を逸した息子への小遣いの額に、我々は大女優を感じたのである。そこには、表舞台と舞台裏を同時に観せられるような感覚すら伴っていた。

そういう意味では、三田の代表作『Wの悲劇』（八四年）は、皮肉にも彼女のその後の人生を予見するかのような1本だったといえるだろう。密会中にパトロン（仲谷昇）が急死したことを隠蔽するために、三田演じる大女優が無名の新人（薬師丸ひろ子）を身代わりに仕立て上げるというこの作品は、女優という存在の虚像と実像を、まさに表舞台と舞台裏の同時進行で観せていく物語であった。作中で三田が言い放つ「母や妻はいくらだって舞台で演じられるわよ。良妻も悪妻も」という台詞は、いま聞けば出来過ぎなくらいだ。

この作品での三田は、ほんとうに、呆れるほど女優っぽい。颯爽とした歩き方や身のこなし、常に過剰な自意識が滲む話し方、扇子やサングラスといった小物の扱いに至るまで、どこからどう見ても女優である。仲谷との愛の遍歴を語る際の、ブロードウェイ、エスカルゴ、シルクのスリップといった華麗で大仰な単語も無理なく聞いていられる。

薬師丸を共犯関係に引きずり込む時の手繰り寄せるような台詞まわし。身代わりとなった彼女を庇って劇団員たちを説得する時の大演説。見返りとして彼女に主役を与えるために難癖をつけて新人女優を降板に追い込む時の意地悪ぶり。そして、大役に尻込みする薬師丸を舞台裏で鼓舞する時の名台詞「女優！　女優！　女優！」。どの芝居にも、三田ならではの女優らしさが満ち溢れている。

近作『俳優 亀岡拓次』（二〇一六年）でも、三田は大物舞台女優役をノリノリで愉しんでいる。『Wの悲劇』で、ホントとホントラシクの違いがわかっていないと、新人に禅問答のようなクレームをつけていた三田だが、本作でも、内から外へ出せていないのは外から内へ入れていないからだの、台詞じゃなく感じなさいだの、わかったようなわからないような独自の演技メソッドを連発して、ホントラシク大女優を演じている。一種のセルフパロディといえなくもないが、それは「女優女優」の自負のあらわれでもあるのだろう。古稀を越えた今でも、その全身からは女優感が滴り落ちている。

AGING IS AMAZING!

# いしだあゆみの薄幸という至芸

『ホームレス中学生』(二〇〇八年)は、一家離散して公園で暮らさざるをえなくなった主人公(小池徹平)と、彼を支援する町内の人々との交流を描く物語である。この作品でいしだあゆみは主人公の世話を焼く民生委員を演じていて、これがなかなかのはまり役だ。過去を説明する映像や台詞がなくとも、おそらく彼女は相当の苦労人で、他人の痛みが痛いほどよくわかり、それゆえに民生委員をしているのだろうな、と自然に思えてくる。途中で急逝するのも妙にリアルで、「いい人ほど早く亡くなる」を地でいく説得力がある。

いしだといえば、『駅 STATION』(八一年)の冒頭で、泣き笑いで敬礼しながら列車で去っていく場面があまりにも有名だ。このシーンに代表されるいしだの幸薄いイメージは、往年の彼女の役柄が不幸と辛酸に満ちていたことと無縁ではあるまい。『積木くずし』(八三年)ではグレた娘(渡辺典子)と浮気夫(藤田まこと)に苛まれ、『夜叉』(八五年)では夫である高倉健を田中裕子に寝取られ、『火宅の人』(八六年)では緒形拳を松坂慶子に奪われるなど、とにかく男運がよろしくない。『男はつらいよ 寅次郎あじさいの恋』(八二年)のマドンナ役も、寅さんが片思いで空回りするいつものパターンではなく、相思相愛なのに結局は結ばれない悲恋になっていた。好きになる男の職業が、俳優、元やくざ、作家、テキ屋と、カタいものがひとつとしてないのも特徴だ。不幸が似合うから不幸な役がくる。その期待に応えていい仕事をするからまた不幸な役がくる。それが女優・いしだあゆみの幸福だったに違いない。

連続通り魔殺人事件の犯人を挙げるために、同棲中の荒くれ刑事（緒形拳）に頼み込まれて囮にされる『野獣刑事』（八二年）の悲惨さも忘れがたい。いくら捜査のためとはいえ、平気で自分の女を危険にさらす緒形は題名通りのケダモノなのだが、そんな非道い男を好きになってしまうところが実に彼女らしい。やくざな男に惹かれる女の哀しみと躊躇いと健気さを、いしだは体当たりかつ繊細なタッチで生々しく演じている。

近作『円卓　こっこ、ひと夏のイマジン』（二〇一四年）のいしだは、団地の狭いダイニングになぜか中華の円卓がある8人家族の祖母役を務めている。夫が平幹二朗、息子夫婦は八嶋智人と羽野晶紀、孫は青山美郷（三つ子役）と芦田愛菜で、この顔ぶれの家庭劇で誰かが嫉妬に狂ったり殺されたりするはずもない。いしだのこれまでの出演作に比べるとほぼ何も起こらないに等しいストーリーである。

大家族で円卓を囲んで食事をするいしだの、憑き物が落ちたような柔らかい表情を観ていると、こちらの勝手な妄想ながらその円卓に加わって、「あんた、いろいろあったけどよかったね」と声をかけたくなってくる。「なんか幸せそうでホッとしたよ」といってあげたい気分になってくる。不幸なイメージを重ねてきた女優の晩年の笑顔には、たとえそれが平凡な笑顔であっても、また格別の味わいがある。

AGING IS AMAZING!

# 國村 隼の多彩な威圧感

もし彼女の家に招かれて、出てきた父親が國村隼だったらさぞかし肝を冷やすにちがいない。『横道世之介』（二〇一二年）では、高良健吾が吉高由里子の実家を訪ねると、いかにも資産家という風格で和服姿の國村が出迎える。『ダーリンは外国人』（二〇一〇年）では、彼女である井上真央の姉の結婚式で、ジョナサン・シェアが急遽國村に挨拶するはめになる。しかも国際結婚に反対される。ただでさえ緊張を強いられるシチュエーションに、よりにもよって國村隼の上乗せである。その威圧感は並み居るコワモテ俳優の中でも頭ひとつ抜きん出ている。

もちろん、國村はそれだけの俳優ではない。『あさひるばん』（二〇一三年）の腹話術が持ちネタのお茶目なイベント会社社長、『許されざる者』（二〇一三年）の小賢しい元長州藩士、『天空の蜂』（二〇一五年）のテロに翻弄される原発の所長、『ちはやふるシリーズ』（二〇一六〜二〇一八年）の競技かるたの師匠など、シリアスからコメディまできめ細やかに演じ分ける技量も、十二分に持ち合わせている手練である。

それでもやはり、場の空気を瞬時に引き締める役柄ならばこの人、ということになってしまうのだろう。近作『哭声（コクソン）』（二〇一六年）でも、村に災いをもたらす不吉な男を、血まみれの大迫力で演じている。アクの強い韓国俳優陣に囲まれても、國村の芝居はまったく引けを取らない。

威圧感という話になると、当然、その筋の人の演技にも触れないわけにはいかない。さすが國村だと思うのは、ある種のそれらしさが定まっているやくざのような役柄であっても、バリエーション豊かな芝居で楽しませてくれるところだ。

たとえば、『殺し屋1』（二〇〇一年）や『キル・ビル Vol．1』（二〇〇三年）のやくざはある意味古典的だったが、陰の主役ともいえるキーマンを演じた『アウトレイジ』（二〇一〇年）の組長役は、やくざ以前に人間性そのものを疑いたくなるような度を超えた狡猾さと軽薄さが新鮮だった。その呆れかえるほどの変わり身の早さは、単に器用なだけでなく、物語全体に過剰なスピード感さえ与えていた。

名実ともに堂々の主役を演じた『地獄でなぜ悪い』（二〇一二年）は、同じ組長役でもまた違ったテイストだ。敵対組織との抗争中に、妻と娘のために組をあげて映画を撮る、しかも殴り込みそのものの撮影を指揮するというクレイジーなキャラクターを、これでもかとばかりの力の入れようで演じている。喜劇ではあるものの、國村の芝居自体にコミカルさは一切ない演出なので、殺陣、ガンアクション、組員を鼓舞する大演説など、彼の惚れ惚れするような侠っぷりを心ゆくまで満喫できる怪作に仕上がっている。

やくざに見えないやくざ役もある。『破門 ふたりのヤクビョーガミ』（二〇一七年）では、佐々木蔵之介の兄貴分を演じているが、巻き舌も怒声もなく、業界用語を除けばごくごく普通の台詞回しで、どう見ても頼りがいのある部長にしか見えない。横山裕への接し方に至っては、完全に面倒見のいい親戚のおじさんである。それでいて、こういう若頭も居るかもしれないというリアリティはしっかりと感じさせる。

それらしさにも多彩な切り口がある。常識、非常識、無常識、どれでも正解だという國村流のアプローチには、まだまだポテンシャルがありそうだ。

# 吉永小百合の説教を聞け

吉永小百合に汚れ役やコメディエンヌは似合わない。『天国の駅 HEAVEN STATION』(八四年)では初の汚れ役に挑んだものの汚れきれず、共演の津川雅彦のアクが強すぎたこともあって、せっかくの挑戦がかすんでしまっていた。『玄海つれづれ節』(八六年)でのコミカルな芝居も、どこか空回り気味で観ていて痛々しかった。

吉永小百合は、清く正しく美しく。やはりそれが一番しっくりくる。そして、その正統派で清純派の持ち味がいかんなく発揮されるのは、説教である。生き方に迷った者や道を踏み外した者に、正しい道を指し示して諭すときの吉永は、ほんとうに生き生きとしている。眼には強い光が宿り、言葉には有無をいわせぬ説得力が漲る。

十代の頃からその片鱗はあった。たとえば『泥だらけの純情』(六三年)では、浜田光夫演じるチンピラの次郎にこんな台詞をいう。「やくざっていけないと思うんです。野蛮だし、法律にだって背いているし。でも私、次郎さんをまじめで正しい人だと思ってるんです」。彼の行為を否定しつつも人間性そのものは肯定する。罪を憎んで人を憎まず。効く説教のお手本である。

『あ、ひめゆりの塔』(六八年)でも、女学校の運動会に不正入場した男子学生たちに詰め寄る場面がある。あの澄んだ瞳を真っ直ぐに向けられて「悪戯にも程度があると思います。ご自分の行動には責任を持っていただきたいと思います」といわれれば、誰もが素直に謝るしかない。

四十代以降になると説教にも厚みが増してくる。代表作のひとつである『夢千代日記』（八五年）では、自殺未遂をした紅（田中好子）に「生きたくて堪らない人間がいるのに、あなたは自分の命にひどいことをしすぎる」と、彼女の頬を張って厳しく叱りつける。白血病で余命幾ばくもない自分の悲運をかさねて命の尊さを語る姿には、若い頃の正論一本槍の説教にはなかった重みが感じられる。

古稀を越えた今でも、その力量は衰えていない。近作『ふしぎな岬の物語』（二〇一四年）でも、自分の店に忍び込んできた泥棒を諭して改心させるという凄腕を見せてくれているが、近年の出演作の中で吉永の説教節を存分に堪能できる作品ということになれば、『おとうと』（二〇一〇年）をあげたい。

この作品での吉永は、娘の蒼井優に、その夫の田中壮太郎に、弟の笑福亭鶴瓶にと、とにかく説教のし通しなのである。中でも、不出来な弟を演じる鶴瓶に対して、所帯を持って人生をやり直すように諄々と説く場面と、彼の借金を肩代わりした後に雷と雨まで味方につけて激しく叱責する場面には、吉永小百合という最後の正統派女優の本質的な魅力が詰まっている。

本作は、山田洋次監督による『男はつらいよ』の変奏曲でもある。渥美清の役柄に鶴瓶を、倍賞千恵子の役柄に吉永を置いているわけだが、ひとつ違うのは、兄と妹ではなく、姉と弟である点だ。それゆえに、同じ説教でも、さくらから寅へのそれとはニュアンスが違っているところが面白い。あくまでも目上の女から目下の男への諭しなのである。

心優しきアウトローに対する山田監督の眼差しは、シビアでありながらどこまでもあたたかい。厳しい説教にくるんで弟に愛情を注ぎ続ける吉永の芝居は、監督のこの意図に見事に応えてみせている。

AGING IS AMAZING!

# 第3章

# 個性派の天性と戦略

天性のみでがむしゃらに歩み始め、やがてそのオリジナリティに自ら気づくとき、天性は戦略になる。それが、老いることに優れた個性派の生き方である。

息の長い個性派は、自分のことをよく知っている。

そして、社会の中での自分の立ち位置と価値も、よくわかっている。

AGING IS AMAZING!

# 石橋蓮司は今日もそこにいる

映画、テレビドラマ、Vシネマ、どこにでも石橋蓮司はいる。ジャンルも問わない。シリアス、コメディ、ホラー、バイオレンス、特撮ヒーローもの、カルト、何にでも出る。テレビでは2時間サスペンス、時代劇、朝ドラ。映画ではベテラン監督とだけでなく、新人監督とも組む。インディーズでも躊躇しない。

役者歴六十五年、現在七十八歳の石橋蓮司が、自分から頼み込んでこれだけの作品に出してもらっているわけでは決してない。呼ばれすぎゆえの出すぎなのである。節操がないという声もあるかもしれないが、たとえそうであったとしても、ここまで徹底的に貫けば称賛に値する。

役の幅も尋常ではない。サラリーマンから奇矯な人物まで演じ分けて無理がない。テレビのサスペンスもので刑事だったかと思えば、映画では取り締まられる側のやくざに扮する。やくざ役ひとつとっても、親分、中堅、時には変態としか表現できない過激派まで演じる。企業を舞台にした作品では、かつては課長あたりの役が多かったが、還暦の頃から、『金融腐蝕列島　呪縛』（九九年）や『陽はまた昇る』（二〇〇二年）などでの役員クラスが板についてきた。

脇役一筋で積み上げた膨大なキャリア。その所々に、『竜馬暗殺』（七四年）の中岡慎太郎役、日活ロマンポルノの傑作『赫い髪の女』（七九年）のダンプ運転手役、キネマ旬報ベスト・テンをはじめ各賞の助演男優賞を総ナメにした『浪人街　ＲＯＮＩＮＧＡＩ』（九〇年）の母衣権兵衛役など、忘れがたい名演が散りばめられている。

仮面ライダーの劇場版で奇矯の極北ともいえる死神博士を演じたこともある石橋だが、古稀を越えて出演した『四十九日のレシピ』（二〇一三年）では、妻に先立たれたごく普通の老人をきわめて自然に演じている。熱田良平という昔気質の無骨なキャラクターを形作る彼の芝居は、逆にどこまでも繊細で丁寧だ。

この作品は、永作博美、二階堂ふみ、淡路恵子ら新旧の役者たちが、静かだが激しく演技合戦の火花を散らしていて、それだけでも十分に観る価値がある。

中でも父娘役の永作と石橋の競演が素晴らしい。永作はほうれい線の深さをあえてさらけ出して、女という性が年を重ねることへの苦悶を表現し、石橋は額のしわのゆがみだけで、配偶者を失った男の孤独と戸惑いを静かに語ってみせる。

石橋芝居の白眉は、彼が二階堂ふみに、突然、お前は亡き妻の生まれ変わりではないのか、と詰め寄る場面だ。四十九日は、亡くなった人がこの世から来世に向かうにあたって中陰に身を置く期間のことだが、現実的には、残された者がその人の死を受け入れる猶予の期間である。映画冒頭の、石橋が亡くなった妻の夢を見るシーンにも暗示されているように、彼はまだ妻の死を徐々に受け入れている最中なのである。

その過渡期に置かれた者の揺れ動く心を、石橋は、生まれ変わりを疑うという、どこかトボケた、非現実的な言動で表現してみせる。膨大なキャリアの蓄積がなければ、なかなかこういう芝居はできない。過剰な量は深い質を生むことを、石橋は我々に教えてくれる。しかし、当の本人はそれを声高に語ったりはしない。ただただ無節操という節操を貫いて、何食わぬ顔で今日もそこにいるのである。

AGING IS AMAZING!

# 大竹しのぶの怪演イヤー

『GONIN2』（九六年）で、十八歳の女子高生と称してセーラー服姿で夜の街に立つ四十路前の大竹しのぶを観た時、ある種の戦慄に近いものを感じたことは、今でもはっきりと覚えている。映画、演劇、ドラマ、そのすべてにおいて不動の地位を手に入れた女優が、こういった役を嬉々として演じる底なしの貪欲さに、なにか鬼気迫る役者の業のようなものを感じたのである。

大竹の経歴は実に華麗だ。デビュー直後から、野村芳太郎監督の『事件』（七八年）、森谷司郎監督の『聖職の碑』（同年）、山本薩夫監督の『あゝ野麦峠』（七九年）と、名監督の名作に立て続けに出演し、当然のように数々の女優賞を受ける。朝ドラではヒロインを務め、人気ドラマでも話題を振りまき、舞台に立てばまるで役が乗り移ったかのようだと絶賛を浴びる。三十歳になるまでの十年強で、これだけの輝かしい実績を積み上げた役者も珍しい。

その後も、『鉄道員（ぽっぽや）』（九九年）では、幼子を亡くし病に倒れる不運な女、『阿修羅のごとく』（二〇〇三年）では、自ら不倫しながらも父の不倫に戸惑う四姉妹の長女、同じく四姉妹が登場する『海街ｄｉａｒｙ』（二〇一五年）では、再婚して家を出たことが原因で長女との不仲を引きずる母親など、映画においても憑依型の代表作が続く。大竹のなりきり芝居を観るためだけに作られたような、新藤兼人監督の遺作『一枚のハガキ』(二〇一一年)での迫真の演技も記憶に新しい。

大竹のフィルモグラフィーを眺めていて面白いと感じるのは、こういった華々しい王道作品の合間合間で、必ず数年に一度は誰もが眉をひそめるような悪女を演じている点である。それも人間の悪徳を煮詰めたような極端な役柄ばかりで、加えて大竹ならではのなりきりのドライブもかかっているため、もはや悪女の演技というレベルではなく怪演なのだ。この怪演イヤーは、偶然にもほぼオリンピックごとに巡ってくる。あのセーラー服姿も、実は九六年アトランタオリンピックの年の出来事なのである。

不倫相手(永瀬正敏)を惑わせ夫殺しにまで駆り立てる妖しい人妻に扮した『死んでもいい』(九二年)。保険金殺人に取り憑かれた女を人間性が感じられない絶妙な一本調子で演じてみせた『黒い家』(九九年)。この2作で培われた色と欲にまみれた女のイメージは、その後も変奏曲のように繰り返されていく。『ふくろう』(二〇〇三年)、『ヌードの夜/愛は惜しみなく奪う』(二〇一〇年)、『後妻業の女』(二〇一六年)と、金のためなら人殺しも厭わぬ現代の鬼女を、その都度切り口を変えながら、これでもかとばかりに大竹は演じ続ける。精神病院を舞台にした『クワイエットルームにようこそ』

（二〇〇七年）のふてぶてしい古株の患者役も、人こそ殺さないまでも鬼女的な魅力がたっぷり詰まっていた。

東京オリンピックは来年に延期されたが、また彼女の怪演が観られるのか、今から待ち遠しい限りだ。大竹しのぶの毒婦のライフワークは、追いかけ続ける価値がある。

AGING IS AMAZING!

# イッセー尾形がみたい

その昔、演芸オーディション番組で勝ち抜き続けるイッセー尾形のことを、すごく面白いという人もいたが、全然面白くないという人もいた。その後『イッセー尾形がみたい！』という決して安くはないビデオが発売されたときも、買ってでもみたいという人もいれば、そこまでしてみたくないという人もいた。

名声を得た人物にとって毀誉褒貶はある種の宿命なのかもしれないが、尾形が一人芝居の大家として不動の地位を確立した今でも、この二分された評価は続いているように思える。あのクセのある芝居を、丁寧に作り込まれた蠱惑的な独自性と捉えるのか、作為が透けて見える鼻につく大仰さと捉えるのかで、好悪がわかれるのだろう。どちらの気持ちもよくわかるような気がする。

映画界で最初に尾形に目をつけた監督は森田芳光である。『それから』（八五年）にはじまって、『そろばんずく』（八六年）、『悲しい色やねん』（八八年）、『未来の想い出 Last Christmas』（九二年）と、森田は個性的な役柄で尾形へのオファーを重ねた。

尾形を繰り返し起用した監督はあと2人いる。山田洋次と市川準である。山田は、『男はつらいよ 幸福の青い鳥』（八六年）以降の5本で、医者や警官といった尾形の一人芝居を思わせるキャラクターで彼をキャスティングし続けた。一方の市川は、『BU・SU』（八七年）、『会社物語 MEMORIES OF YOU』（八八年）、『ノーライフキング』（八九年）のあと、『トニー滝谷』（二〇〇四年）では五十代になった尾形を主演に据え、一人芝居とはまた異なる、淡泊でも旨味のある彼の別の魅力を引き出してみせた。まったく作風の異なる3人の監督たちが、それぞれの思惑で尾形の芝居を求めたことが面白い。

『ヤンヤン 夏の想い出』（二〇〇〇年）や『太陽』（二〇〇五年）などの海外作品でも高い評価を得ている尾形だが、近作『沈黙―サイレンス―』（二〇一六年）の井上筑後守役は、みたい人もみたくない人も必見の出来映えである。キリスト教に強い興味と理解を示しながらも、残虐極まりない弾圧を指揮するという複雑な権力者像を、尾形は精妙に演じきっている。劇中で繰り返される、若き神父（アンドリュー・ガーフィールド）との、神と日本人をめぐる神学的対話など圧巻の一言に尽きる。

随所にちりばめられた、尾形ならではの台詞回しや所作も見どころ十分だ。あ、あ、あという声だけで家臣に介助を促す、陣笠を取って蒸れた頭を扇子であおぐ、空を目で指して神を見遣る仕草をしてみせるなど、その一挙手一投足、すべてが尾形節なのである。いきなり英語を喋り出したり、上半身が縮むかのような動きで落胆の感情を表現したりといった、観客の意表を突く芝居も健在である。

これらの演技に作為や大仰さが感じられないといえば嘘になる。だが、不思議と嫌味がないのだ。洋画であること、また時代劇であることも味方しているが、その最大の理由は、やはり年齢にあると思う。かつてはともすれば作り込み過ぎて生硬にも見えた芝居が、齢を重ねることで、非常にしなやかでコクのあるものに変化している。改めていいたい。これからのイッセー尾形がみたい。

AGING IS AMAZING!

# 藤田弓子の饒舌な身体

息の長い活躍を続ける役者は、遅咲きの場合を除いて、必ずといっていいほど三十代で大きな役をものにしている。中堅時代の入口で巡り会ったその役によって、ある者は磨き上げてきた才能を開花させ、ある者は新境地を切り拓く。またある者は生涯のあたり役を手に入れる。

藤田弓子のあたり役は、いうまでもなく、朗らかで元気な母親役である。そのイメージを決定づけたのは、三十代前半に出演した朝ドラだが、藤田は同時期に映画作品でも毛色の異なる二つの快活な母親を演じている。

昭和三一年の大阪を舞台にした『泥の河』（八一年）の母親役は、シリアスな快活である。夫（田村高廣）とともに河岸で食堂を営む本作での彼女は、客の応対から調理まで店のすべてを切り盛りしながら、家の食事の支度や雑巾掛けといった家事全般も、非常に小気味よくテキパキとこなす。手際のよい立ち居振る舞いの積み重ねによって、藤田は戦前生まれの働き者の母親像を危なげなく表現してみせている。

三十代の終わりに演じた『さびしんぼう』（八五年）の母親役の方は、打って変わってコミカルな快活である。コメディは動きにありといわんばかりに、無声映画を思わせるダイナミックな身のこなしを存分にみせてくれる。写真の中から飛び出してきた昔の自分（富田靖子）を叩くと、その痛みが全部自分に返ってくる芝居、セーターの中に虫が入って気が動転し、寺の境内をあたふたと駆けずり回る芝居、いずれも確かな演技力に裏付けられた彼女ならではの躍動感が光る。

主役と絡む大きな役でなくとも藤田はよく動く。たとえば、同じ時期に出演した『時代屋の女房』（八三年）の居酒屋の女将役などがそうだ。渡瀬恒彦、夏目雅子、津川雅彦ら、物語の軸となる俳優陣の傍らで、料理を出したりグラスを拭いたりする「カウンター内の女将の芝居」をきめ細やかに演じている。厨房仕事の合間に、元プロレスラーの夫（藤木悠）に空手チョップを見舞う茶目っ気まで織り込んで、とにかく画面のどこかに映っている限り何かしているのだ。

よく動くといえば、還暦を越えて出演した『歓喜の歌』（二〇〇七年）でのバイタリティも尋常ではなかった。洋服リフォーム店と中華料理店とママさんコーラスを掛け持ちするトライアスリートのような母親役は、彼女ならやりかねないと思わせる妙な実在感があった。

ふくよかな体型とキレのある動きを活かした藤田の演技を見ていると、役者とは身体で語る仕事なのだなとつくづく思う。台詞まわしだけでなく、姿形も、表情も、仕草も、目に映るものすべてが芝居であり、役者の武器なのだ。

いま考えれば、三十代前半で母親役があたり役になるのはかなり時期が早い。だがそれは、藤田が恵まれた体型と表現力を駆使して、年齢を越えてそう見えるように演じてきた証左でもあるだろう。

年齢不相応なレッテルにはデメリットもあるが、やがて年齢が役柄に追いつく頃には、同年代の役者たちより先にその役の席に座っているというメリットもある。母親役のような旬が長い役柄ならば、その席の価値は小さくない。藤田自身の意図の有無はともかく、役者にはそういうキャリアの積み方もあるということだ。

AGING IS AMAZING!

# 柄本 明は芝居の魍魎である

いまや邦画界を代表する名優のひとりである。加えてアクの強さでも一二を争う個性の持ち主だろう。エンドロールに彼の名前を見つけて「柄本明どこに出てた?」などということは決してない。『春との旅』(二〇〇九年)や『0・5ミリ』(二〇一三年)などでのクセのある役柄であればもちろんのこと、『桜田門外ノ変』(二〇一〇年)のような終始落ち着いた語り口の役柄であっても、柄本の芝居は目に、耳に、残る。

『悪人』(二〇一〇年)の父親役や『許されざる者』(二〇一三年)の没落士族役、久しぶりに主演を務めた『ある船頭の話』(二〇一九年)の老船頭役など、抑制の利いた渋い演技で高く評価されてきた柄本だが、相変わらず昔ながらの過激な役や奇矯な役も演じてくれるところが嬉しい。何しろ志村けんと長年芸者コントを続けてきた人である。仕事を選ばないのではなく、いつまでも、どんな役でもやってみせるという、芝居に対する底なしの愛情と矜持が、そこには感じられる。

『リアル鬼ごっこ』(二〇〇七年)では理不尽な殺戮ゲームを主催する冷酷きわまりない王様、『電人ザボーガー』(二〇一〇年)では人間への復讐心をたぎらせて悪のサイボーグを次々と送り出す車椅子の博士、『風邪(ふうじゃ)』(二〇一三年)では風邪ワクチンの開発に取り憑かれたやたらと声の大きい医師と、どの役も、針の振り切れた過剰な悪を実に愉しげに演じている。

とりわけ『電人ザボーガー』の、悪ノ宮博士役のマッドサイエンティストぶりは、奇才・井口昇監督も納得の大熱演である。ふつうに考えて、複数の助演男優賞に輝いた『悪人』と同じ年にこの役はないと思うのだが、いやいや、役者は小さくまとまってはいけない。柄本はそれをよくわかっている。これでいいのだ。

マッドサイエンティスト役といえば、『魍魎の匣』(二〇〇七年)の美馬坂幸四郎役で見せた静謐な猟奇も忘れがたい。映画自体は何ともいいようのない怪作とだけいっておくが、この作品での柄本は非常にいい。感情の起伏を極力抑えた理路整然とした話し方と、ここにない何かを見据えたかのような眼差しで、不死の探究に魅入られて生体実験を繰り返す博士の狂気を見事かたちにしてみせている。

中でも、柄本が管理する軍の研究施設での、拝み屋・中禅寺秋彦(堤真一)との荘子や古事記からの引用を散りばめたペダンチックな対話は、さり気ないが本作の白眉といってもよかろう。

この場面で、柄本は、自分の研究分野では親子だの先祖だのといった文化的つながりは大きな意味を持たないのだと言い放つ。対する堤は、柄本の出身地には水の神でもある罔兩（もうりょう）を祀った神社があり、この二文字に鬼をつければ化け物（魍魎）になると返して、暗に彼が魍魎の流れを汲む存在であることを示唆する。呪術と科学、陰陽師と妖怪が、対峙して腹をさぐり合う名シーンになっているわけだが、このスリリングさと緊張感を支えているのは、柄本の鵺的存在感にほかならない。彼が得体の知れない怪物に見えるからこそ、成立している場面だといえるだろう。

「ならば私も魍魎か」とは作中での柄本自身の台詞だが、役柄を超えてほんとうにその通りだと思う。古稀を越えていまだ役の幅を広げ続け、齢を重ねるほどさらにつかみどころがなくなっていく。そのプログレッシブな姿勢は、まさに芝居の魍魎である。

AGING IS AMAZING!

# もたいまさこが無言で語る

能面を思わせる完璧な無表情。腹の据わった揺るぎない身のこなし。その抑制が利いた独自の雰囲気は、ユーモラスであり、不気味でもあり、時として摩訶不思議にも映る。

もたいまさこのこういったイメージを形作ったのは、人を食ったキャラクターのCMや三谷幸喜脚本のテレビドラマに加えて、彼女が五十代に立て続けに出演した荻上直子監督作品の影響も小さくないだろう。とりわけ、『かもめ食堂』（二〇〇五年）の空港で荷物が行方不明になったことをきっかけに食堂で働くようになるマイペースな旅人役と、『めがね』（二〇〇七年）の毎朝住民と珍妙な体操を続けるかき氷屋の店主役には、浮き世離れした蠱惑的な味わいがあった。この二つの役柄は、もたいの持ち味を余すことなく引き出すとともに、性格俳優としての彼女の立ち位置を確実なものにした。

極めつきは、同監督の『トイレット』（二〇一〇年）のばーちゃん役だ。娘に日本からカナダへ呼び寄せられ、英語が話せないまま、娘が亡くなってからもカナダ人の孫3人と暮らし続けているという設定なのだが、本作でのもたいはとにかく喋らない。日本語すら話さず、いつものあの無表情を貫くのである。

足踏みミシンを使う。小遣いを渡す。餃子を焼いて食べる。ビールを飲む。煙草を勧める。無言で行われるこれらすべての所作が、驚くほど饒舌だ。指1本のみの動きで、小さなため息だけで、そしてたったひと言の台詞で、もたいは孫たちの芝居にしっかりと絡み、物語を引っ張っていく。それは、最小限の演技で最大限の表現を追求してきた、彼女のある種の集大成ともいえるだろう。

自分の演技の幅に自信がなければ、なかなかこういう決定的な役はできない。『ALWAYS　三丁目の夕日シリーズ』（二〇〇五〜一二年）のたばこ屋の店主役や、『それでもボクはやってない』（二〇〇六年）の母親役など、個性を程良く抑制した役柄でも幅広い演技ができるからこそ、ひとつの路線を突き詰める挑戦も可能なのだ。

個性を抑えた役柄といえば、『モヒカン故郷に帰る』（二〇一六年）の松田龍平の母親役も非常によかった。松田に向けた母の顔、柄本明に向けた妻の顔、前田敦子に向けた姑の顔、どれもみなさらりと巧いのである。中でも、個性を前面に押し出す前田に対しての、もたいのどっしりとした受けの芝居が素晴らしい。台詞に頼り過ぎない、間を重視した芝居で若い前田を引き立てつつ、どこかほっこりとした嫁姑の関係を醸し出していて飽きさせない。

一方、得意の一人芝居も健在である。夫がガン宣告を受けたあと、もたいが夜ひとりでテレビの野球中継を観ている場面がいい。熱狂的ファンである広島カープの一打サヨナラのチャンスで、その緊張感に耐え切れずテレビを消してしまい、でも気になってまたつけ、逆転打が出て大喜びし、やがて泣き出してしまう、という一連の芝居には、思わず引き込まれてしまった。ドラマのヤマ場でも何でもないワンシーンでありながら十分に見応えがあるのだ。言葉にならない人生の深い哀歓を全身で演じようとする、ひとりの果敢な女優の姿がそこにはある。

AGING IS AMAZING!

# 橋爪 功の人間くささが香ばしい

ごく短い出演時間であっても、昔から橋爪功の脇役はインパクトがあった。中でも四十代に伊丹十三監督作品で見せた演技はいずれも独特だった。『タンポポ』（八五年）のこなれた応対で注文を聞くベテランウェイター、『マルサの女』（八七年）の慇懃無礼な銀行の課長、『あげまん』（九〇年）の怪し過ぎる結婚コンサルタント。どの役も、緩急自在の流れるような台詞回しと、いかにも曲者という感じの個性が際立っていた。この人は、こういう観客の好悪がはっきりと分かれる、独特なくさみのある脇役をずっと続けていくのだろうと、勝手に思っていた。

ところが、還暦を越えた頃から、個性的な役柄だけでなく市井のごく普通の人物もさりげなく演じるようになり、今となっては非常に守備範囲の広い俳優のひとりに数えられるようになった。

『RAILWAYS　49歳で電車の運転士になった男の物語』（二〇一〇年）で人情家の電鉄会社社長を演じたかと思えば、同じ年の『交渉人　THE　MOVIE　タイムリミット　高度10，000mの頭脳戦』では腹黒い政治家に扮してみせる。『永遠の0』（二〇一三年）では死の床で淡々と戦争を述懐する元ゼロ戦パイロットの老人役、主演を務めた『東京家族』（二〇一二年）では昔気質の物静かな父親役と、作品の要となる役柄も堂々とこなす。コメディにも好演が多い。『ミスター・ルーキー』（二〇〇二年）での浪速の商人がユニフォームを着て歩いているようなプロ野球監督や、『家族はつらいよ』（二〇一六年）での突如熟年離婚の危機に直面して狼狽する父親など、齢を重ねてくさみが抜けるのではなく、くさみは残しつつ、親近感の湧く人間くささに昇華させて魅せてくれる。矜持、嘘、妬み、思いやり、自虐など、橋爪が演じればどれもみな香ばしい。

人間くさいといえば、『奇跡』（二〇一一年）の鹿児島の和菓子職人役も非常にいい風味を醸し出していた。

橋爪は5年前に和菓子店を畳んで今もそこに家族と住んでいるのだが、九州新幹線の開通に合わせて町おこしになるようなご当地グルメを作れと、商店会の仲間からけしかけられている。いわれるがままに、材料を工夫したかるかんを試作してみるものの、味音痴の仲間の反応は芳しくない。挙げ句の果てには新幹線の「さくら」にちなんでピンク色のかるかんを作ってはどうかといわれ、「かるかんは昔から白ち決まっちょっと！」とへそを曲げてしまう。親友役の原田芳雄だけが味の変化に気づいて評価してくれるのに対して、橋爪が「じゃろう？」と小声で答えるところが実にいい。職人の自尊心と、それゆえに世間からずれていく哀愁が、ほろ苦い笑いと相俟って、このひと言に余すことなく凝縮されている。

是枝裕和監督は、大人の事情と子供の事情の二軸をうまく絡め合わせながら、どうしようもない現実とどうにかできるかもしれない希望を丁寧に描いていく。現実は苦いだけでもなく、希望も甘いばかりではない。そんな人生の機微を、橋爪功の嘘がない人間味たっぷりの芝居は的確に表現している。

AGING IS AMAZING!

# 余貴美子のワケアリな母

その昔、石井隆監督作品で刃物や銃を手に大暴れしていた余貴美子が、ごく普通の役柄を演じているのを観ると、それが彼女の芸の幅の広さであることはわかっていても、何か物足りない気持ちになる。やはり余を観るのならば、クセや陰のある芝居を観たい。『シン・ゴジラ』（二〇一六年）の防衛大臣役や『外事警察 その男に騙されるな』（二〇一二年）の官房長官役でみせた一筋縄ではいかない雰囲気、『ディア・ドクター』（二〇〇九年）での笑福亭鶴瓶とのスリリングな共犯関係など、ヤンチャだった頃の面影が残る芝居の方がより彼女らしい。

母親役ひとつとっても、『横道世之介』（二〇一二年）や『繕い裁つ人』（二〇一四年）の丸みを帯びたふつうの母よりも、人にいえない過去を抱えたワケアリな母の方が余貴美子にはしっくりくる。

たとえば、『おくりびと』（二〇〇八年）は、山﨑努演じる納棺師とその弟子となる本木雅弘の師弟関係が物語の軸となっているが、そこに事務員役である余の母親としての過去が絡んでくることで、より重層的な作品に仕上がっている。事務所でのクリスマスパーティーの場面で、本木の奏でるチェロに聴き入りながら昔に思いを馳せる余の「表情の伏線」が、かつて幼子を捨てて男の元に走ったという彼女のエピソードにつながり、作品の底に流れる親子の赦しというテーマが深まるのである。

そのほかにも、『食堂かたつむり』（二〇一〇年）の、実家の敷地内で食堂をはじめた娘（柴咲コウ）につらくあたり続ける風変わりな母親役や、『麦子さんと』（二〇一三年）の、兄妹（松田龍平と堀北真希）の家に急に転がり込んでくる生き別れの母親役も、同じように彼女の過去が物語の重要なカギになっていた。

『愛と誠』（二〇一二年）の、かつて主人公を捨てたという、飲み屋を営む酒乱の母親役も印象深い。自ら熱唱する「酒と泪と男と女」をバックに、泥酔して客にカラむ場面は、ワケアリな母を演じ続けてきた彼女の、これまでの歩みを象徴するかのような会心の名演技だ。三池崇史監督作品らしい、常に役者のフィルモグラフィーを意識したキャスティングが冴えている。

これらの作品に回想シーンはない。余は、あくまでも現在の存在感と昔語りのみで、物語の核となる過去を体現してみせている。多くの監督から頼りにされる演技派女優の実力を見せつけられる思いがする。

高倉健の遺作となった『あなたへ』（二〇一二年）の漁師町で食堂を切り盛りする母親役も、数奇な過去を抱えた女だった。時化の夜、「眠れないので少しつきあってくれませんか」と健さんに声をかけ、サシで静かに酌み交わしながら身の上話をする場面が実にいい。邦画界において、過去のある男の代表であり続けた高倉健と、スクリーンの中で最後に呑んだ女は、過去のある母を演じ続けてきた余貴美子だったのである。何という美しい巡り合わせだろうか。心に沁みる一期一会だろうか。運命的な出会いというものは、決して映画の中だけの話ではないのだ。

*intermission*

# 映画で読み解く日本の高齢者像の変遷

## 十五年前まで認知症は痴呆と呼ばれていた

我が国では二〇〇四年まで、認知症のことを痴呆症と呼んでいた。法律の文言にも、公的介護保険サービスの名称にも、痴呆という言葉はあたり前のように使われていた。

その当時、呼称変更を主導した厚生労働省の「『痴呆』に替わる用語に関する検討会」（座長：高久文麿氏／二〇〇四年十二月）の報告書の中にはこんな記述がある。「『痴呆』は『あほう・ばか』と通ずるものであり、侮蔑的な表現である」。

今からわずか十五年前の話である。疾病によって脳の認知機能の一部が低下しただけで、多くの認知症高齢者は痴呆と呼ばれ、侮辱されていた。人間的な感受性や感情は失われていないといわれる認知症の方々が、当時どんな心境で痴呆という言葉を聞いていたのかと思うと、なんともいたたまれない気持ちになる。

当然、悪気があってのことではない。疾病に対する無知や人権に対する意識の低さによって、日本の高齢者、とりわけ要介護高齢者は、長い間、物心両面で様々な制約を受けてきた。現役でなくなった者は、権利や自由をある程度制限されても仕方ないと考える風土が、痴呆という言葉を使い続けることを許容していたともいえる。

当時痴呆と呼ばれていた疾病の存在を広く世に知らしめたのは、一九七二年に有吉佐和子が発表した大ベストセラー小説『恍惚の人』である。この作品は翌七三年に森繁久彌主演で映画化され、さらに大きな話題を呼んだ。

邦画史には、この『恍惚の人』からはじまる、認知症を取り上げた作品の潮流がある。千秋実の『花いちもんめ』（八五年）、三國連太郎の『人間の約束』（八六年）、樹木希林の『わが母の記』（二〇一一年）、橋爪功の『「わたし」の人生 我が命のタンゴ』（二〇一二年）、赤木春恵の『ペコロスの母に会いに行く』（二〇一三年）、山﨑努の『長いお別れ』（二〇一九年）等、邦画を代表する名優たちが、各時代で認知症という難役に真摯に挑んできた。渡辺謙は自ら企画を持ち込んだ『明日の記憶』（二〇〇五年）で、当時世の中ではあまり知られていなかった若年性認知症役を演じてみせた。

映画は社会を映す鏡といわれるが、これらの作品はどれもみな認知症に対するその時代の世相を巧みに掬い取っている。中でも、まだ痴呆という言葉が使われていた時代に作られた『恍惚の人』『花いちもんめ』『人間の約束』の3本は非常に興味深い。まず、3作品の公開時の「惹句」を引いてみる。

『**恍惚の人**』赤ん坊に戻った老人とそれを愛で包んだ嫁 感動と衝撃で描く…人間の美しき崩壊！

『**花いちもんめ**』おじいちゃんが壊れていく。家族の戦争がはじまる／ご迷惑かけます、世間さま。

『**人間の約束**』この愛は誰のためですか――

「人間の美しき崩壊！」という言葉と「おじいちゃんが壊れていく」という言葉に注目したい。当時の感覚では、認知症になることは人間性や人格の崩壊と捉えられていた、あるいはこれらの作品を通じてそのように世の中に広まったともいえるだろう。『人間の約束』は惹句にこそそのような言葉はないものの、劇中には「ぼけてしまった老人はもう人間とは言えない」という台詞が出てくる。繰り返すが、認知症はあくまでも認知機能の一部が損なわれる疾病であって、直ちに人間性や全人格が失われるわけではない。当然、人が壊れるという表現は乱暴で不適切と言わざるを得ないが、これが当時の限界だったのである。

現代の常識で過去の表現を咎める気はないことを断った上でさらに付け加えると、『恍惚の人』で高峰秀子の相談にのる福祉事務所の職員は、特別養護老人ホームのことを「寝たきり老人とか人格欠損のある老人を収容するところ」と呼び、『花いちもんめ』に登場する病院の部屋は間仕切りのカーテンすらない十二人部屋で、千秋実は拘束着を着せられ、両手をベッド柵に縛られて拘束されている。また前述したように『人間の約束』の中には、孫役の杉本哲太が「ぼけてしまった老人はもう人間とは言えない。動物なんだよ」と言い放つ場面がある。

こういった描写は、多少の映画的誇張はあるものの、当時の高齢者福祉を巡る実際の認識や状況と照らして大きな齟齬はない。もちろん3作品はこれらのシーンを否定的に描いているが、これが当時の現実の一断面だったのである。そういった意味で、これらの作品はフィクションとはいえ、認知症に関する社会史の、ひとつの貴重な記録となっている。

## 「高齢期＝余生」という考え方

高齢者の認知症に対して「痴呆」という呼称が長く使われてきた背景には、単なる疾病に対する知識不足だけでなく、日本社会の底流に流れる「高齢期＝余生」という考え方が少なからず影響していると私は考えている。諸外国から働き蜂と揶揄されてきた日本の仕事至上主義や現役至上主義から見れば、現役を引退し、働き手でなくなったあとは、余った人生なのである。こういった考え方は近年ようやく改められつつあるものの、まだまだこの社会のそこかしこに根強く残っているのではないだろうか。

たとえば、小津安二郎監督は、老いの孤独と達観の描写に独自の境地を見せたことで知られるが、彼の作品にもそれは色濃くあらわれている。

ご存じの通り、小津作品では、娘の結婚が父親の人生の集大成として繰り返し描かれる。『彼岸花』（五八年）の佐分利信にせよ、『小早川家の秋』（六一年）の中村鴈治郎にせよ、娘が嫁いでしまえばもはや老残であり余生なのだ。小津晩年の秋にまつわる作品名が暗示しているように、彼らにはまもなく「人生の冬」が来るのである。とりわけ遺作となった『秋刀魚の味』（六二年）の、娘が嫁いでも（笠智衆）、嫁がなくても（東野英治郎）、空虚な老いは等しく訪れるという小津の達観には、ただただ唸るしかない。

娘が嫁いだあとは余生だといわれても、今ではピンとこないかもしれないが、明治・大正生まれの男性の平均的な婚期は概ね二十七歳であり、仮にその翌年に娘が生まれたとして、その子が当時の結婚適齢期である二十四歳になるとき父親は五十二歳だ。この頃の五十二歳というのは、五十五歳定年までわずか3年を残すのみであり、しかも、平均余命は二十年しかなかった（※厚生労働省「完全生命表」による）。

物理的にみても、当時の男親にとって娘の結婚というイベントは、余生のはじまりを意味していたのである。定年が六十五歳まで延長され、五十二歳から三十年も生きる今の感覚とは、かなり様子が違っていたのだ。

## レアケースの老い、ステレオタイプの老い

その後、老後の平均余命は急速に伸びていき、一九七〇年には高齢化率は7％を超えることになるのだが、「高齢期＝余生」という風潮はなかなか変わらないままだった。

映画の世界においても、高齢者が個性を持つひとりの人間として描かれることは少なく、主役になることもほとんどなかった。『男はつらいよ』シリーズで笠智衆演じる御前様をひとつの典型として、老優たちの多くは、脇役陣の一員として町内のご隠居や村の長老、家庭劇では祖父・祖母といった記号的な老人役を演じていたのである。

もちろん、すべての映画がそうだった訳ではなく、小津以外の巨匠たちも、高齢社会を予見するような作品を一九五〇年代に相次いで発表している。黒澤明は『生きる』（五二年）で志村喬演じる余命宣告された初老の役人に人生の意味を自問自答させ、木下恵介は『楢山節考』（五八年）で田中絹代の老婆を通じて棄老を世に問い、市川崑は『鍵』（五九年）で小津とは異なる切り口で中村鴈治郎を起用して老いの性愛を大胆に描いた。

邦画を代表する監督たちが、高齢社会が到来する遙か以前に、老いをテーマにしたこのような作品を手がけていたのは、さすがというほかないが、これらはあくまでも、巨匠たちだからこそできたレアケースだと考えた方がいいだろう。邦画全体としては、ステレオタイプの高齢者しか

描かれない時代はその後も長く続いたのである。

たとえば、『天城越え』（八三年）は、老刑事がかつて自分が担当した三十年前の事件の真相を追う物語だが、渡瀬恒彦が老けメイクで演じる嘱託の刑事・田島は、署の若手から「田島老人」と呼ばれている。いま高齢者の名字に「老人」をつけるという失礼な物言いをすることはまずない。だが、この当時は違和感のない表現だったのである。

この若手は「あの老人、今は嘱託だが歴戦の強者でね」と語るが、その言い方に敬意はなく、やや軽んじた調子が感じられる。つまり、この作品は、何もできないだろうと思われている老人が意外にも活躍する物語なのだ。作品自体は老刑事の鋭い推理と執念をリスペクトしているが、その前提には「老人は終わった人」という世間の共通認識が置かれていたということなのである。

## 意識され始めた高齢社会という課題

佐藤忠男は『講座日本映画』の中で、八〇年代の状況を次のように述べている。

一九八〇年代になると日本は世界の最長寿国となり、それにともなって老人の世話を誰がするかということが社会的に大きな問題になった。そうした状況の中で、劇映画やテレビドラマ、テレビドキュメンタリーで痴呆性老人を扱った作品がふえ、一軒の家にひとりのボケ老人が生じたら、もうその家庭は看護の苦労で破滅するしかないといった気分が拡まった。

佐藤忠男『講座日本映画7 多様化の時代【日本映画史7】』

この劇映画とは、『花いちもんめ』(八五年)と『人間の約束』(八六年)を指していると思われるが、ここにもう1本、はっきり認知症とはいえないまでも、老いた戦国武将の狂乱と破滅を描いた黒澤明の『乱』(八五年)を加えると、佐藤のいう「気分」の輪郭はより確かなものになってくる。

精神に変調をきたした高齢者を主人公に据えた作品が、ほぼ同時期に3本も発表されるというのは、邦画史上かつてなかったことだ。この少し前に、今村昌平が『楢山節考』(八三年)をリメイクし、改めて棄老を世に問うていることも考え併せると、この頃から邦画界においてもようやく、高齢者のあり方は無視できないテーマとして意識され始めたのである。

その後、一九九四年に高齢化率は14%を超え、日本はいよいよ本格的な高齢社会に突入する。そのような状況の中で、ついに老いを描いた映画のエポックメーキングとなる作品が登場することとなる。新藤兼人監督の『午後の遺言状』(九五年)である。

おそらく本作は、邦画史上において、テーマ・監督・俳優・主要客層のすべてが高齢者となった最初の作品であり、その新しさも相俟って、キネマ旬報ベスト・テン1位、監督賞、脚本賞、主演女優賞（杉村）、助演女優賞（乙羽）、日本アカデミー賞最優秀作品賞など、この年の各賞を独占することとなった。

監督の新藤は当時八十三歳、主要登場人物となる4人を演じた老優たちの年齢も、杉村春子・八十九歳、乙羽信子・七十歳、朝霧鏡子・七十四歳、観世栄夫・六十八歳と、まさに高齢者による高齢者のための高齢者映画となっている。彼らの渾身の演技は、どれもみな「老骨に残りし花」そのものであり、杉村、乙羽、観世の3人にとってはこれが遺作、四十五年ぶりの銀幕復帰作となった朝霧にとっても、晩年に咲かせた大輪の花となった。

また、本作は、朝霧が認知症役、観世が彼女を支える夫役を演じているものの、そこだけを深堀りするのではなく、彼らを含めた4人の老い方そのものを丹念に描いている。過去とどう折り合いをつけるかという問題も絡めつつ、今でいう終活的な心模様や行動に初めて焦点を当てた映画であり、そういった意味でも画期的作品であったといえるだろう。

## 老優たちの爛熟時代がはじまる

高齢者を主演に据えた九〇年代の映画としては、もう1本、岡本喜八監督の『大誘拐　RAI

NBOW KIDS』（九一年）がある。主演の北林谷栄（八十歳）は、当時、温厚な国民的おばあちゃん女優として広く知られていた。その北林に、誘拐されながら逆に頼りない誘拐犯たちを主導するというしたたかな大富豪の老婆役を演じさせたところに、喜八流の洒脱なアイロニーが利いている。傘寿にしてキネマ旬報主演女優賞他に輝いた北林の熟達の芝居は、『午後の遺言状』の4人の老優たちに先駆けて咲いた「老骨に残りし花」だったといえるだろう。

一般的に弱者と思われている高齢者にピカレスクな味付けを施すこのやや戯画的な切り口は、その後もいくつかの作品に受け継がれていくことになる。『わたしのグランパ』（二〇〇三年）で菅原文太が演じた刑務所帰りの祖父役や、『死に花』（二〇〇四年）で山﨑努、宇津井健、青島幸男、谷啓らが演じた老人の金庫破りなどがこれにあたるのだが、そのような多少浮き世離れした人物設定であっても、この頃になると高齢者の人物描写は徐々に深く掘り下げられるようになっていく。本書で取り上げた四十八名の老優たちの近年の出演作はその証左だ。『阪急電車 片道15分の奇跡』（二〇一一年）の宮本信子も、『四十九日のレシピ』（二〇一三年）の石橋蓮司も、『万引き家族』（二〇一八年）の樹木希林も、人間味溢れるひとりの人間として、それぞれの作品の中に生きている。もうそこには、ステレオタイプの老人はひとりもいない。

また、先にエポックメーキングであると述べた『午後の遺言状』は、主要登場人物全員を老優が演じる映画の先駆けでもあったが、その系譜も脈々と受け継がれている。『死に花』のほかにも、浅丘ルリ子、草笛光子らによる異色の老婆集団劇『デンデラ』（二〇一一年）や、藤竜也、近藤正臣らによるコワモテ喜劇『龍三と七人の子分たち』（二〇一五年）なども、いわば老優オールスター作品であり、こういったある種の祝祭的な作品は、今後も作られていくことになるだろう。

高齢者が職業人として生涯現役を貫く役柄も珍しくなくなった。『人生、いろどり』（二〇一二年）で「葉っぱ」を売る吉行和子、『舞妓はレディ』（二〇一四年）で置屋の女将を演じる富司純子、『TAP THE LAST SHOW』（二〇一七年）でタップの鬼軍曹と化した水谷豊など、年老いても真摯に仕事に向き合おうとする彼らの姿は、老いを受け入れた上でなお光り輝いている。

邦画界で六十歳以上の老優の層がこれほど厚かった時代はかつてなかった。彼らの現役は長く、半世紀を越えるキャリアを持つ者も少なくない。最高齢監督については既に新藤兼人の九十九歳という記録があるが、八十代になっても主演を担う仲代達矢、山﨑努、吉行和子らは、俳優でこれに続くかもしれない。三浦友和、田中裕子、大竹しのぶなど、還暦を越えてからどんどん未知の役柄に挑んでいく役者も随分増えた。彼らの中から、これまで誰も見たことがない新しい高齢者像を演じる老優が、きっと現れてくるに違いない。

いよいよ老優たちの爛熟時代がはじまろうとしている。邦画界自体も、いま「老後の初心」を迎えているのである。

AGING IS AMAZING!

第4章

# 脇役だからこそ、光り輝く

脇役は主役の引き立て役である。だからといって、必ずしも主役だけが輝くわけではない。

脇役だからこそ、光り輝くこともある。目立たなくとも、なくてはならない人はいる。

報われなくとも、いい生き方というものはある。

老いることに優れた人は、脇役の矜持を知っている。

AGING IS AMAZING!

# 倍賞美津子の多様な華

千恵子と美津子。この誰もが知る女優姉妹が歩んできた道のりは、それぞれかなり異なる。性格や資質が違うという理由だけでなく、常に比較対象となる相手とは別の仕事を互いに選んでいった、という事情もあったのではないだろうか。

たとえば、これまでに組んだ監督の数だけみても大きな差がある。駆け出しの頃は別として、それなりに自分のキャリア構築を考え始める三十代以降、今日までに2人は各々六十数本の映画に出演しているが、監督の数は千恵子がわずか二十数名、美津子はその倍以上ある。もちろんこれは、千恵子が長年にわたって山田洋次監督作品に数多く出続けたからで、美津子の監督遍歴が多彩というよりも、千恵子の方が少なすぎるといった方が正しいのかもしれない。だが、それでもやはり、美津子の組んできた監督とその作品は、数だけでなく質的に見ても多様で華やかだ。

黒澤明の時代劇（『影武者』八〇年、他）、今村昌平の重喜劇（『楢山節考』八三年、他）、森崎東の怒劇（『生きてるうちが花なのよ死んだらそれまでよ党宣言』八五年、他）と、タイプの異なる大御所の作品に出演する一方で、独自路線をゆく気鋭の監督や、デビュー間もない新人監督の作品でも躊躇しない。かつては相米慎二（『ションベン・ライダー』八三年）や石井聰亙（『逆噴射家族』八四年）、還暦以降では橋口亮輔（『ぐるりのこと。』二〇〇八年）や熊切和嘉（『莫逆家族 バクギャクファミーリア』二〇一二年）、大森立嗣（『母を亡くした時、僕は遺骨を食べたいと思った。』二〇一九年）など、切れ味のいい監督の名前がずらりと並ぶ。

当然、役の幅も広くなるのだが、旅回りのストリッパー（『生きてるうちが～』）や遊郭の女将（『陽暉楼』八三年）など、千恵子と比べてお行儀がよくない役や突き抜けたキャラクターも演じるところが彼女らしい。今村昌平の子息である天願大介監督の『デンデラ』（二〇一一年）での、気味が悪いくらい平和主義を貫く隻眼の老婆役などは、おそらく姉が生涯踏み込むことがない領域の役柄だろう。

大御所であれ新進であれ、数多の監督たちが彼女に求めてきたものは、野性味ある妖艶さや生命力あふれるしたたかさ、あるいは多少浮き世離れした人物設定であっても演じきってくれる懐の深さにある。ゆえに特異な世界観の物語やコメディとの肌合いもいい。近作『あやしい彼女』（二〇一六年）でもその持ち味は健在だ。

この作品は、倍賞演じる七十三歳の老婆が突如二十歳に若返るというファンタジーである。見た目は二十歳の多部未華子の内面が、実は老婆であるというねじれた設定が映画の勘所になっているわけだが、これは単に多部の芝居が巧いだけでは成立しない。若返る前の倍賞の芝居が印象的でなければ、観客はその後の多部の姿に老婆を重ねて見られなくなってしまう。だが、そのあたり大ベテランに抜かりはない。気が強く、町の嫌われ者でありながら、どこか純情を感じさせる老婆のキャラクターを、冒頭の短い登場時間だけで過不足なく出しきり、多部の熱演にあやしい残り香を添えている。不在でも存在感を漂わせる。こんなシブい助演もある。

AGING IS AMAZING!

# 岸部一徳に教わりたかった

いつ見ても肩の力が抜けている。能面を思わせる無表情、ゆったりとした話し方、常にニュートラルな身のこなし、そのすべてにおいて、岸部一徳の芝居は徹底的に肩の力が抜けている、ように見える。それはつまり、役者として相当の力を入れて力を抜いている、ということだ。

さまざまな悪役を演じるとき、その落ち着き払った雰囲気は、人を人と思わぬような冷酷さや狡猾さに映る。『その男、凶暴につき』（八九年）の麻薬密売組織のボスや、『座頭市』（二〇〇三年）の盗賊の幹部など、静かな物腰が却って酷薄さを際立たせていた。『新・仁義なき戦い』（二〇〇〇年）の、組織の後継者候補に推されて本当はやる気満々でありながら、表面上はなかなか本音を口にしない親分役も老獪そのものだった。「ワシにその気はない」と徹底的にかわし続けて、組員だけでなく観客まで苛立たせてみせる。

一方で、やや癖のある市井の人物を演じるとき、その同じ雰囲気は不器用で微笑ましい味わいになる。『フラガール』（二〇〇六年）の炭坑町でハワイアンセンター開業に奔走する社長や、『大阪ハムレット』（二〇〇八年）の義理の子供たちにセンスのないプレゼントを繰り返す「叔父さん」など、まじめすぎて空回りする役柄は岸部の得意技のひとつだ。

藤山直美とのＷ主演でほぼ出ずっぱりの近作『団地』（二〇一六年）では、この岸部節をこころゆくまで堪能できる。藤山をはじめ、石橋蓮司や斎藤工との掛け合いで見せる絶妙のズレと間合いは、彼ならではの名人芸といってもいいだろう。

岸部が長年にわたって演じ続けてきた職業のひとつに教師がある。『時をかける少女』（八三年）の国語教師や、『さびしんぼう』（八五年）の理科教師など、大林宣彦監督の尾道三部作の先生役が有名だが、岸部先生はどの作品でもやはりいい具合に肩の力が抜けている。

たとえば、同じ大林監督作品の『青春デンデケデケデケ』（九二年）の寺内先生役は、「こんな先生に教わりたかった」と思わせるような、話のわかるキャラクターが何とも魅力的だ。ロックバンドを結成した主人公（林泰文）たちが、合宿練習したい一心で「欧米現代音楽研究会」と称して手書きの合宿許可証を作って岸部に持っていくと、「なるほどね」とだけいってサインしてくれるシーンが泣かせる。顧問になってやるから第二軽音楽部を作れとアドバイスして、練習場所になる部室まで確保してくれるところがさらに泣かせる。

この寺内先生をはじめ、『69 s·i x t y n·i n e』（二〇〇四年）のトラブルメーカーの主人公（妻夫木聡）を陰ながら支えてくれる先生も、『ヴィタール』（二〇〇四年）の解剖実習の指導教官も、岸部の演じる先生は熱血教師でもなければ、威厳のあるタイプの教師でもない。カッコいいわけでもなく、むしろ風貌は野暮ったい。だが、酸いも甘いも噛み分けた上で肩の力を抜いたそのスタンスは、実に粋なのだ。野暮に見えてほんとうは粋。それは俳優・岸部一徳のひとつの本質のように思える。

AGING IS AMAZING!

# 大谷直子が剥がれるとき

『ツィゴイネルワイゼン』（八〇年）にこんなシーンがある。藤田敏八が突っ伏した大谷直子を抱き起こすと、まるで皮がむけるかのように彼女の着物がはだけて白い裸身が露わになる。直前の場面に「あたしは狐かもしれません」という台詞があるから、これは皮がむけるというより、化けの皮が剥がれたというべきなのだろう。

人は常に何かをまとっている。普段身につけている衣服や常識や体面が剥がれることは、官能であり、衝撃であり、痛快でもある。大谷がそれを体現してみせる時、そこには強い香りが立つ。この『ツィゴイネル―』での、一人二役が三役にも四役にも感じられるような演技や、『ダブルベッド』（八三年）での、モラルをかなぐり捨てて性愛にのめり込んでいく主婦役には、豹変する女のむせかえるような香気が立ちこめていた。

五十歳を越える頃になると、こういった芝居にもより陰影が増していく。長年家庭に尽くしてきた主婦の建前が一夜にしてすべて剥がれ落ちる『蛇イチゴ』（二〇〇三年）での演技はとりわけ毒気があって強烈だ。

義父の葬儀が終わった夜、台所のテーブルで冷や酒を呷りながら、生真面目な娘（つみきみほ）相手に延々といいたいことをいい続ける場面が面白い。リストラされたことをひた隠しにして借金を重ねていた夫（平泉成）をなじり、素行の悪い息子（宮迫博之）を勘当したのは彼の近親憎悪だったのだと言い募る。しまいには「こんな家、バカみたい！」と吐き捨てる。身も蓋もないが、それゆえの爽快感がある。

本音を晒した後、娘に神妙な顔で「どうしてそんなに生き生きしてるの？」と訊かれてはっとなる表情が秀逸だ。自分の足下に剥がれ落ちた建前の皮の量に戸惑い、これまでの自分の人生は何だったのかと考え込む。西川美和監督のキレのある演出と、大谷の辛辣をユーモアに包んだ芝居が絶妙に溶け合っている。

還暦を越えて出演した『希望の国』（二〇一二年）は、原発事故の発生によって退避命令が出された架空の町で、自分の生まれ育った家に残り続ける道を選んだ夫婦（夏八木勲と大谷）の物語である。

本作での大谷は、認知症らしき症状によって時折大人の建前が剥がれ落ちる存在として登場する。老女でありながら、時には童女になって本音をぶちまけてみせる複雑な芝居には、ベテランならではの力量が感じられる。彼女が帰宅願望から繰り返し口にする「うちに帰ろうよ」という台詞にも、単なる皮肉だけでなく、哀愁やいじらしさまで滲ませてみせる。

真冬にもかかわらず浴衣で盆踊りに出かけてしまった大谷を、夏八木がやっとの思いで見つけ出したあと、彼女にせがまれて雪の中で炭坑節を踊るシーンが、儚くも美しい。2人の老優が雪中で盆踊りを踊る。しかもロングショットの長回しである。それだけで胸に迫るものがある。

異才・園子温監督による、作家性・メッセージ性ともに強い、過激で過剰で重苦しい作品だが、陰惨になり過ぎないのは、大谷のどこか乾いた明るさがあるからだ。「剥がれる芝居」で独自性は示しつつ、作品全体のバランスを取る役割もしっかりと果たす。こういう仕事は若い者には務まらない。長い間、長い距離を歩み続けた者にしかできない魅せ方というものもあるのだ。

AGING IS AMAZING!

# 平田 満の見守る父性

『蒲田行進曲』（八二年）は、風間杜夫だけでなく、平田満という役者まで世に送り出した稀有な作品だ。平田が演じたヤス役は、万年大部屋俳優のさえない男である。だが、つかこうへいと深作欣二は、この人物をあえて主役に据え、映画への強い愛と敬意を込めて、ふだん日の当たらないその他大勢の矜持を描こうとした。そしてこの大役を、当時は役柄そのままの無名俳優であった平田に託し、平田もまたその期待に迫真の演技で応えてみせた。

本作でスクリーンいっぱいに走り回り、飛び回り、のたうち回る平田の姿はあまりにも強烈で、その後長い間、彼はこの役のイメージを引きずることになる。二十年後、平田は『ＧＯ』（二〇〇一年）で主人公の母親（大竹しのぶ）にいきなり「ヤス！」と声をかけられる本人役を演じているが、少なくともその頃まで、世間一般にはこの母親のような感覚が残っていたのではないだろうか。

近年ではそういった印象もようやく薄まり、平田は幅広い役柄を演じる名脇役として、その地位を確かなものにしている。数多くのドラマや舞台と並行して、映画だけでもこの十年間で三十数本というのはかなりの仕事量である。

平田の脇役は、一歩二歩どころか、三歩も四歩も下がったところから作品を支えることが多い。むやみに個性は主張せず、声量も抑えめで、物語や画面の邪魔はしない。それでいて確かにそこに居る。

たとえば、『孤高のメス』（二〇一〇年）の院長役のように、脇役陣の中で柄本明や矢島健一が前に出ていくのならば自分は引いてバランスを取る。『わさお』（二〇一〇年）では海辺で売店を営む柔和な父親をそっと演じて、十数年ぶりに主演を務める薬師丸ひろ子の引き立て役に徹する。『臨場　劇場版』（二〇一二年）の無実の罪で息子を失った警官役のように、物語の主軸に絡んで個性を出すこともないわけではないが、やはり圧倒的に多いのは、主人公を遠くから温かく見守る父親や父親的役柄だ。

『FLOWERS　フラワーズ』（二〇一〇年）の愛妻と死に別れた父親、『四日間の奇蹟』（二〇〇五年）の療養施設の所長、『おと・な・り』（二〇〇九年）の事務所の社長など、少し離れた位置から主人公を見守り、ときには励ます役をやらせたら、平田は滋味あふれる実にいい芝居を見せてくれる。『ズタボロ』（二〇一五年）の叔父役も、ゴルフクラブで人の顔をメッタ打ちにするような冷酷なやくざの組長でありながら、喧嘩に明け暮れる甥っ子に注がれる眼差しには、どこか父性の温もりが感じられる。

ストリッパーの娘を持つ父親役で主演した『ソウル・フラワー・トレイン』（二〇一三

年）はその集大成である。いくら見守り励ます父が平田の十八番とはいえ、タイトル通りの大胆な舞台芸を披露する娘を励ます彼に、正直驚いた人もいたかもしれない。だが、この配役は、かつて平田が出演した日活ロマンポルノ『蕾の眺め』（脚本／早坂暁・監督／田中登・八六年）へのオマージュと捉えるべきだろう。ひとりの踊り子（今陽子）への熱狂が高じて、やがて相手役として舞台に上がるようになる男を、泣き笑いで演じきった平田満にこそ、この父親役はふさわしい。世代を超えて、ここにも映画への愛と敬意は脈打っている。

AGING IS AMAZING!

# 伊佐山ひろ子、書く語りき

島賞候補になった伊佐山ひろ子著の短編集『海と川の匂い』（二〇一〇年）の中に「ポルノ」という作品がある。主人公である新人女優はスリの見習い役の映画を撮影中なのだが、察しのいい映画ファンならば、これは日活ロマンポルノの初期の名作『白い指の戯れ』（七二年）の話だということに気づくだろう。

この短編はあくまでもフィクションだ。その点は割り引きつつも、村川透や荒木一郎と思われる登場人物たちとのやり取りや、実際の映画とほぼ同じ撮影場面の描写は非常に興味深い。新人の視点から当時の撮影現場の人間模様と熱気を伝える伊佐山の筆致は、どこか詩的でありながらも、体験した者にしか書けないリアリティがある。

ロマンポルノやピンク映画が、名もなき新人監督たちにデビュー作を撮るチャンスを与え、また、十分か十五分に1回の濡れ場さえあれば何を描いてもいいという「表現の自由」を提供し続けた歴史的意義は小さくない。『おくりびと』の滝田洋二郎や『Ｓｈａｌｌ ｗｅ ダンス?』の周防正行が成人映画出身なのは有名な話だが、伊佐山の出演作だけ見ても、村川透の他に、『一条さゆり 濡れた欲情』（七二年）の神代辰巳、『エロスは甘き香り』（七三年）の藤田敏八といった、その後長く邦画界で活躍することになる監督名が並ぶ。この短編を読むと、伊佐山ひろ子という女優が、そういった邦画史の特異点に立っていた数少ない生き証人のひとりであることを改めて思い知らされる。

純情と憂いが綯い交ぜになったコケティッシュな魅力で男たちを虜にした『白い指～』。したたかなストリッパー役以上に、タイトルを裏切る堂々の主役ぶりでもしたたかさを見せた『一条さゆり～』。原作／マルキ・ド・サド、監督・脚本／神代辰巳のカルト世界を体当たりで演じきった『女地獄 森は濡れた』（七三年）。これら3本の主演だけで、伊佐山には「ポルノ」を語る資格が十二分にある。

その後の伊佐山は、岡本喜八（『吶喊』七五年）、森谷司郎（『海峡』八二年）、黒木和雄（『浪人街 RONINGAI』九〇年）など、名だたる監督のもとでシブい脇役を数多く務めてきた。近年では、小さな役とはいえ、マーティン・スコセッシ監督の『沈黙－サイレンス－』（二〇一六年）にも出演している。

そのような中で、久々にこれぞ助演と呼べるような芝居を観せてくれたのが、小沢仁志主演の任侠コメディ『FM89・3MHz』（二〇〇六年）と『無認可保育園 歌舞伎町ひよこ組（正・続）』（二〇〇七年）だ。

やくざ役の小沢がFMラジオのDJや保育園の園長に無理矢理転職させられるこのシリーズで伊佐山が演じるのは、小沢の妻である。妻といっても、予算の都合からなのか会うのはいつも彼女が営むスナックで、常に「カウンター越しの客とママ」というスタイルで夫婦の会話が交わされるユルさがいい。

伊佐山は、慣れない仕事に弱音を吐き通しの小沢の愚痴を聞きつつ、「やりたいようにやればいいじゃない」と励まし続ける。時には園児の扱い方を伝授し、おむつ交換の特訓にまでつき合う。コワモテの小沢を見守る貫禄の女房役はなかなか板についていて、彼女が演じればこんなかたちの極妻もあるのだなと感心させられた。最近は、いわゆるちょい役やカメオ出演が多くなってきている伊佐山なのだが、時にはこういうキャリアの厚みを感じさせる芝居もたっぷり見せてほしいものだ。

# 小林薫が挟まれている

相変わらず素晴らしい挟まれっぷりだな、と感服した。『夏の終り』(二〇一二年)の小林薫のことである。作家役の小林には妻がいるが、知子(満島ひかり)と不倫関係にある。本妻は、夫が自宅と妾宅を行き来することを半ば認めており、満島も本妻と別れてくれとはいわないため、奇妙な均衡が保たれている。そこに満島の元恋人(綾野剛)が現れたことをきっかけに、彼女の割り切ってきた感情が揺れはじめる。

ここからが小林の本領発揮だ。「どうにかしてよ」と満島に迫られても「すまん」としかいわない。愛人の伝家の宝刀「こんなのもういや」が出てもまともに返事をしない。泣かれてもはぐらかす。決して結論は出さず、どっちつかずの状態を続ける。やがて仕事もうまくいかなくなり、さらに追い詰められると「一緒に死んでくれ」といい出す。でも実はそんな度胸もない。この煮えきらなさ、優柔不断さはただごとではない。男女間の板挟みを演じる小林薫はまさに水を得た魚だ。

『それから』(八五年)では妻に不倫をされる側だった小林だが、『コキーユ　貝殻』(九九年)では家庭がありながらかつての同窓生への恋心に苦しむ男を涙で演じ、『阿修羅のごとく』(二〇〇三年)ではバレバレの不倫を続ける男を笑いで演じてみせた。とりわけ後者の芝居は見どころたっぷりで、愛人(木村佳乃)に電話したつもりが間違って妻（黒木瞳）に電話してしまったり、木村と同じコートを黒木に贈っていたことが発覚したりと、何とも粗忽な不倫ぶりが可笑しい。だからといってただ不器用なのかといえばそうでもなく、寝ころんだまま黒木の足首をつかんで指先でストッキングを破るなどという寝技を使ったりもするので侮れない。

小林が演じてきた数ある板挟みの中で、最も複雑かつ高度なものは『秘密』（九九年）だろう。妻（岸本加世子）と娘（広末涼子）が事故に遭い、娘だけが助かるのだが、彼女のからだには妻のこころが宿っており、小林は「娘のからだ」と「妻のこころ」の間で苦悩することになる。

原作は東野圭吾の小説で、下手に映像化すれば単なる荒唐無稽になりかねない話である。それを人間味溢れるドラマに手堅くまとめた滝田洋二郎監督の手腕もさることながら、1人の女優だけを相手に板挟みになるという離れ業を見せた小林の強腕もさすがだと思う。

娘のからだで前向きに人生を生き直そうとする妻に取り残されていく不安と嫉妬。妻のこころを愛していても、父親として娘のからだを抱くことなどできないという葛藤。小林はこれらのねじれにねじれた板挟みを、あくまでも暗くならないように、持ち前の軽妙な雰囲気で緩和しながら、丁寧に演じている。

公開当時、十代で四十代の女ごころになりきった広末はその演技を評価され、内外でいくつかの賞も受賞した。それは当然彼女の実力だと思うが、相手役が小林であったことも大きいだろう。彼の巧みな「受けの芝居」があったからこそ広末が輝いたというのが、この作品の成功の秘密なのではないだろうか。

AGING IS AMAZING!

# 松坂慶子は縛られない

松坂慶子は還暦になった年に『牙狼〈GARO〉蒼哭ノ魔竜』（二〇一二年）というCGを多用した特撮作品に出演した。その際の、ゲームキャラのようなコスプレ感たっぷりの悪役を観た往年の邦画ファンの中には、かなり驚いた人もいたかもしれない。「あの『蒲田行進曲』と『死の棘』に主演した大女優が、なぜこの歳になって？」と。だが、過去のフィルモグラフィーとの連続性に縛られないこの自由な心性こそが、女優・松坂慶子の「今」なのだと思う。

かつての松坂が、この国の性的シンボルのひとりであったことに異論を唱える者はいないだろう。松坂といえば大胆な濡れ場であり、「愛の水中花」のバニーガールであり、そして何より、泥沼の三角関係であった。

『事件』（七八年）では妹役の大竹しのぶと永島敏行を取り合い、『青春の門』（八一年）では若山富三郎と菅原文太に取り合われる。『蒲田行進曲』（八二年）では風間杜夫と平田満の間で揺れ動き、『火宅の人』（八六年）に至っては緒形拳・いしだあゆみ・原田美枝子との四角関係である。三十代までの松坂は、とにかく愛憎劇に出まくっていた。

その徹底ぶりには、ある種の清々しさすら感じられるほどだった。

やがて松坂は、愛憎劇の女王としてその集大成ともいえる『死の棘』（九〇年）に主演し、夫（岸部一徳）の浮気をきっかけに精神を病んでいく妻を熱演して各賞を総なめにする。ふつうここまでの地位を確立したら「今後は高尚な作品だけをじっくり選んで出演していきたい」などといい出しそうなものだが、彼女はそうはしなかった。五十歳を前にして新たな道に踏み出していくのである。

そのひとつが、前述した『牙狼』にその後連なっていく特撮伝奇アクション『さくや妖怪伝』（二〇〇〇年）で演じた土蜘蛛の女王だ。何しろ巨大化までする妖怪の親玉役である。それは従来のイメージからは到底考えられない、かなり突飛な役柄への挑戦だった。

それだけではない。松坂は同じ時期にさらに風変わりな作品に出演し、別の新境地も拓いてみせている。ブラックコメディでしかもミュージカルという、三池崇史監督の怪作『カタクリ家の幸福』（二〇〇一年）である。

家族で開業したペンションで、なぜか様々な理由で死んでいく客たちを、宿の看板に傷をつけたくない一心で、家族が一致団結して必死に埋めて隠していくという、何とも一言では説明できない奇天烈なホームドラマなのだが、この作品での松坂は、とにかく底抜けに明るい。いや、明るいというより弾けている。その異様に朗らかな、どこか吹っ切れたような芝居は、間違いなく彼女のキャリアの大きな転換点である。その後、『インスタント沼』（二〇〇九年）の河童が見える母親役や、『綱引いちゃった!』（二〇一二年）の肝っ玉母さん役で見せることになるコメディエンヌとしての円熟の境地は、この作品が原点になっている。

若いときから培ったイメージを頑なに守り続ける女優道もあるが、評価が定まってからさらに道幅を広げていく女優道もある。おそらくどちらの道も険しいだろう。ただ、近年の松坂慶子はほんとうに愉しそうでいきいきとしている。それだけは確かだ。

AGING IS AMAZING!

# 小林稔侍の脇役道

『冬の華』（七八年）のオープニングクレジットは高倉健からはじまる。小林稔侍の名は、田中邦衛より、小池朝雄より、夏八木勲より、峰岸徹より、寺田農より、後だ。彼らには皆、健さんと台詞のやりとりがある。しかし、小林には、自分の店にやって来た健さんへの「ご苦労様でした」の一言しか与えられていない。

小林は、実の息子に健と名付けるほどの、自他ともに認める高倉健の弟分のひとりだが、スクリーン内での2人の立ち位置には長い間、天と地ほどの差があった。役柄上で小林と健さんの距離が縮まっていく過程は、大部屋出身の彼が役者として成長していく道筋そのものである。

前述の『冬の華』や、『網走番外地シリーズ』（六五～六七年）、『昭和残侠伝シリーズ』（六五～七二年）では端役ばかりだった小林は、やがて『動乱』（八〇年）では軍曹役で将校役の健さんと直に台詞のやりとりをし、『駅 STATION』（八一年）では同僚刑事としてともに張り込みをするようになっていく。『海峡』（八二年）では土木のプロとして一緒に青函トンネルを掘り、『居酒屋兆治』（八三年）では刑事役で健さんを憎々しく取り調べる。『夜叉』（八五年）に至っては、健さんにサシでボコボコにされる「大役」を演じるまでになる。

小林のこういった地道な積み重ねは、『鉄道員（ぽっぽや）』（九九年）でひとつのピークを迎える。生涯現役にこだわる主人公と彼の定年後を案じる盟友という、小林と健さんの敬愛と友情の歩みをそのまま形にしたかのような配役は、両名にとって感無量のものだったに違いない。本作で日本アカデミー賞最優秀助演男優賞に輝いた小林のクレジットは、出演者の掉尾を飾る栄光の「トメ」である。

小林はこの前年にも『学校Ⅲ』（九八年）で主演の大竹しのぶを相手にトメを務めている。再就職のために職業訓練校で資格取得を目指す元エリートサラリーマン役は、山田洋次監督のおもしろうてやがて悲しき演出に的確に応えていた。ターニングポイントとなるこれら2作品での力演を経て、今や小林の名脇役としての地位は揺るぎないものとなっている。

そんな小林に、七十六歳にして2時間ドラマではなく映画で初主演の話が巡ってくるとは、本人も含めて誰が予想しただろうか。職人気質の豆腐屋と震災で心に傷を負った少年の交流を描く『星めぐりの町』（二〇一八年）は、長年、脇役道を歩んできた小林らしく、常に一歩引いて周囲を引き立てるような抑制の利いた主役ぶりに心が和む1本だ。受けの芝居で少年役の荒井陽太や娘役の壇蜜の持ち味を巧みに引き出しつつ、こだわりの豆腐づくりや丁寧な食事の支度、囲炉裏端の手酌の場面など、台詞がない独りのシーンでは、ベテランならではの熟成された芝居を存分にみせてくれる。

本作の小林の役名・島田勇作は、『幸福の黄色いハンカチ』（七七年）で健さんが演じた島勇作から取られたものだろう。小林とスタッフたちがこの作品に込めた思いが、静かに、確かに、伝わってくる。『冬の華』から四十年。スクリーンで初めて目にした小林稔侍からはじまるエンドクレジットは、深く心に沁みた。

AGING IS AMAZING!

# 第５章

# キャリアは自分でデザインする

自分の歩む道は、自分だけのものだ。働き続けると決めたのならば、
自分のキャリアデザインは自分でつくらなければならない。
ただ、視野は広い方がいい。自分が思っている以上に、あなたの経験には汎用性がある。
柔軟に考えることが、あなたの優れた老い方をより魅力的なものにしていく。

AGING IS AMAZING!

# 水谷豊の中に生き続ける不良

『TAP THE LAST SHOW』（二〇一七年）の陰鬱で屈折した酒浸りの水谷豊にシビレた。テレビドラマでも、映画でも、陽性のお行儀のいい水谷しかもう観られないのだと半ば諦めていただけに、この作品で彼が演じた若い頃の挫折を引きずるジャックダニエル中毒の老タップダンサー役には、どこか懐かしい不良の匂いがして嬉しくなった。

水谷が憂いと含羞の入り交じった暗い光彩を放っていたのは四十年も昔の話だ。萩原健一とコンビを組んだテレビドラマ『傷だらけの天使』（七四年）をはじめ、『東京湾炎上』（七五年）のテロリスト役や『青春の殺人者』（七六年）の両親を殺害してしまう青年役など、剥き出しの刃物のような危なさと捨てられた子犬のような哀愁を併せ持った独特な演技は、多くの人々を魅了して止まなかった。

その後の水谷は活躍の場をテレビに移し、それに伴ってこういった陰のある芝居は徐々に少なくなっていく。映画では、三十歳前後に『幸福』（八一年）と『逃がれの街』（八三年）の２本に主演してからは、五十歳代の『相棒―劇場版―絶体絶命！42・195㎞東京ビッグシティマラソン』（二〇〇八年）まで、実に二十五年間ものブランクがあった。

『相棒』の杉下右京役は、水谷にとって最高のあたり役となった。彼が作り上げた、この知的で気障でウィットに富む和製シャーロック・ホームズは、いまや国民的キャラクターとして圧倒的支持を得ている。組織からはみ出した変わり者の刑事を、奇をてらわず、あくまでも明るくソフトに、正義の人として演じる力量はやはりさすがである。『王妃の館』（二〇一五年）で狂言回しを務めた作家役も、凄まじい色彩感覚の衣装をまとったかなりの変人ぶりだったが、観客が引いてしまうほどの芝居には決してならない。『HOME 愛しの座敷わらし』（二〇一二年）や『少年H』（同年）で演じたやさしい父親役となれば尚更のことで、硬軟いずれの役柄であっても、水谷が演じれば品があって観やすくなる。

これからも彼はこの路線を歩んでいくのだろうと、誰もがそう思っていたはずだ。それだけに、監督まで務めた『TAP』のやさぐれ芝居には正直驚かされた。だが、四十年間温め続けた悲願の企画だという本人の弁を聞くと、不良の水谷豊が彼の中で密かに生き続けていたことに、得もいわれぬ感慨がこみ上げてくる。ウイスキーを浴びるように飲みながら、ナイフの代わりに杖を振り回し、ケンカではなくタップで、鬼軍曹として稽古場で若者たちをシゴキ上げる水谷はたまらなくカッコいい。

不良とは、良識を自認する世間側からの一方的な見方に過ぎない。本人にとってはひとつの生き方を貫いているだけという場合もある。だとしたら、素材にこだわって上司の命令に刃向かう『ＨＯＭＥ』の食品開発責任者も、戦時下で特高に拷問されつつも家族を守ろうとする『少年Ｈ』の仕立屋も、そして警察組織の中で飄々と自分を貫く杉下右京も、すべて不良に見えてくる。

ソフトであろうがなかろうが、明るかろうが暗かろうが、この四十年間、実は水谷豊は何も変わっていないのかもしれない。トウモロコシが主原料でありながらバーボンとはまた違う独自の製造法を守り続ける、あのテネシーウイスキーのように。

AGING IS AMAZING!

# 秋吉久美子のキャリアデザイン

秋吉久美子といえば、妊娠発表時の「卵で産みたい」に代表される型破りな発言や常識外れな態度を思い浮かべる人も多いことだろう。還暦を越えた今でも、そのキャラクターに大きな変化はないように思えるが、女優としての彼女の経歴は、決して風変わりでもなく、また非常識でもない。むしろ典型的な邦画女優の生き残りのお手本といえるかもしれない。

まず、キャリアのスタートが華々しい。『旅の重さ』（七二年）でデビューした翌々年には、『赤ちょうちん』『妹』『バージンブルース』と、いきなり年3本もの作品に出演して一大ブームを巻き起こす。加えて、インタビューでの世間に媚びない冷めたコメントも話題性抜群だった。彼女は早々にマスコミから「シラケ女優」のレッテルを貼られることになる。だがその一方で、型にはまらず思ったことを正直に口にする秋吉のスタイルに、少なからぬ人が何か新しさを感じ、受け入れたのも事実である。バッシングを受けた彼女が、その後も干されることなくコンスタントに映画に出演し続けたことがその証左だろう。

二十代の独身時代は、遠藤周作原作『さらば夏の光よ』（七六年）や室生犀星原作『あにいもうと』（同年）といった文芸作品、あるいは『八甲田山』（七七年）のような大作に出演し、産休が明けると一転して『の・ようなもの』（八一年）で風俗嬢、『さらば愛しき大地』（八二年）で覚醒剤中毒の主人公（根津甚八）の愛人と、ここぞとばかりに役の幅を広げていく。

三十代に入ると、『ひとひらの雪』（八五年）に主演して渡辺淳一ブームに乗り、続く『夜汽車』（八七年）では宮尾登美子ブームにもしっかりと絡み、『男はつらいよ 寅次郎物語』（同年）でマドンナ女優の仲間入りまで果たす。たとえ脇に回ってもメインストリームからは決して外れないのだ。その一方で『異人たちとの夏』（八八年）では、三十年前の世界に迷い込んだ主人公（風間杜夫）の若き日の母親役を、切なさを滲ませて見事に演じきり、各賞を総なめにして記録にも記憶にも残る名演を見せる。このあたりのバランス感覚は絶妙だ。

十代の『赤ちょうちん』から五十代の『透光の樹』（二〇〇四年）まで、各年代ごとに肌をさらし続けるところも抜かりがない。秋吉にとっては「役柄上の必然」であったとしても、往年のファンにとってそれは「映画館に足を運ぶ必然」になっていた。女優としてのキャリアを着実に積み重ねながら、興行的な期待にも応えていくところに、秋吉流のプロの気概が感じられる。

近作『「わたし」の人生（みち）我が命のタンゴ』（二〇一二年）では、認知症の父親（橋爪功）に翻弄される娘役を好演し、還暦を前に新たな境地を開いている。働きながら子育てを終えた女性が、大学教授に転身して人生の次のステージに進んだ途端、老親の介護に直面するというこの物語は、非常に切実でリアルだ。こういった現代的なテーマを捉えた作品をこのタイミングで選ぶ秋吉の嗅覚は、相変わらず鋭い。邦画の斜陽時代を生き抜いて来た女優ならではの、したたかなキャリアデザインである。

AGING IS AMAZING!

# 山崎 努は確信犯である

ブレイクした時のイメージを、その後引きずる役者は少なくない。山﨑努の場合、『天国と地獄』（六三年）の誘拐犯役は、彼が世に出るのと引き換えに背負った、ある種の十字架だった。

その強烈なインパクトは、のちのちの役の幅を狭めかねないものだった。だから山﨑は、六十年代後半から七十年代前半にかけて、いわゆる悪役のオファーを受けながらも、一方でそれ以外の仕事の幅も広げていったのだろう。『赤ひげ』（六五年）では善良な大工役を演じ、舞台では、王道のシェイクスピア劇はもちろん、前衛的な安部公房の演劇にも積極的に挑戦していった。それは「初犯」のイメージを薄めるためのものだったのかもしれない。

しかし、彼はようやくほとぼりが冷めた頃に、今度はよりインパクトの強い人殺しの役を相次いで引き受ける。『必殺仕置人』（七三年、七七年に続編）の殺し屋・念仏の鉄役と、『八つ墓村』（七七年）の殺人鬼役である。とりわけ、後者の日本刀と猟銃で歴史的大量虐殺を繰り広げる多治見要蔵は、もう一生そういう役しかこないレベルの突き抜けた演技だった。

それは「再犯」というより「確信犯」だった。当時の山﨑が、今後悪役しかこなくなっても構わないと開き直ったのか、そのイメージを超えてみせると考えたのかはわからない。だが、結果は後者となった。その後、山﨑の芝居の幅は加速度的に拡がっていくことになる。

黒澤明の『影武者』（八〇年）や勅使河原宏の『利休』（八九年）といった典型的な枠組みの中で手堅く演じたかと思えば、寺山修司の『さらば箱舟』（八二年）や大林宣彦の『水の旅人 侍ＫＩＤＳ』（九三年）のような空想的世界観の中でもしなやかな芝居をしてみせる。舞台ではシェイクスピア劇への出演を重ねて『リア王』にまで到達するが、それだけでは飽きたらず、その役作りの過程を『俳優のノート』（二〇〇〇年）として出版する。ひとつの役の解釈を巡る役者の思考を克明に記した同書は、今も読み継がれる名著である。

その一方で山﨑は、「確信犯」として自らの原点である悪役の追求もやめなかった。『クライマーズ・ハイ』（二〇〇八年）の傲岸不遜を絵に描いたような車椅子のワンマンな社主役や、『映画クロサギ』（同年）の詐欺グループの黒幕役などが印象に残るが、中でも出色なのは『マルサの女』（八七年）の権藤社長役である。政界や暴力団とつながりを持つ脱税経営者という新しい悪を、山﨑は、硬軟織り交ぜた厚みのある芝居で、知的かつ人間臭く、魅力たっぷりに演じてみせた。

山﨑はその後もどこかでチャンスを窺っていたのだろう。喜寿になる年に、まだこんな悪があるといわんばかりに『藁の楯』（二〇一三年）に出演する。孫娘を殺した犯人に十億円という常軌を逸した懸賞金をかけ、国内を大混乱に陥れる老いた財界のドン役は、現代的な悪の姿であると同時に、山﨑にしか演じられないもう一人のリア王である。

山﨑努の悪の追求に終わりはない。この人はまだやるかもしれない。傘寿を越えて「重犯」の疑いがあるといわれる役者は、彼しかいない。

AGING IS AMAZING!

# 田中裕子の少女、妖女、そして老女

田中裕子は、デビュー間もなく『北斎漫画』（八一年）で、父・葛飾北斎（緒形拳）に生涯寄り添い、叱咤激励する娘役を演じた。あどけなさの残る初々しい娘が、やがて妖艶な大人の女に成長し、最後には老女となっていく。弱冠二十六歳で演じたその役柄は、のちに彼女が歩むことになる女優としての道のりそのものでもあった。

『ええじゃないか』（八一年）のお松や『男はつらいよ 花も嵐も寅次郎』（八二年）のマドンナといった娘役からキャリアをスタートさせた田中は、続く『天城越え』（八三年）と『夜叉』（八五年）で、魔性の香り漂う妖女を堂々と演じ、女優としての地位を不動のものとする。両作における、男たちを惑わせ狂わせる田中のファムファタールぶりは、長く記憶に刻まれる名演といってもいいだろう。

その後は、久世光彦演出の「向田邦子新春シリーズ」で、平凡な市井の女を非凡に演じてお茶の間を十数年にわたって毎年唸らせ続け、脇役が多くなった今でも、『はじまりのみち』（二〇一三年）や『家路』（二〇一四年）、『ひとよ』（二〇一九年）などで、作品の出来を左右する重要な役どころを担っている。『はじまり～』などは、ずっと寝たきりの役なのでほとんど表情と台詞のみの演技なのだが、それでも物語のカギとなる役割を十全に果たすあたりに大女優の風格が漂う。

ひとりの女優が年齢に応じて少女・妖女・老女という経歴を重ねていくこと自体珍しいことではない。だが、その時代時代の旬の監督や俳優と組んで、着実に代表作をものにしている女優となるとそう多くはない。田中の場合、各賞に輝いた『いつか読書する日』（二〇〇四年）と『火火』（同年）での主演も含めて、前述のように二十代から五十代まで、各年代に高評価の作品がコンスタントに並んでいる。

そんな彼女の近年のベストを選ぶとするならば、『共喰い』（二〇一三年）の母親役をあげたい。原作は芥川賞を受賞した田中慎弥の同名小説で、性交中に暴力を振るう父親の血が自分にも流れていることに煩悶する青年の物語である。こういう原作の脚本は荒井晴彦しかいないだろうと思っていたらやはりそうで、加えて監督は青山真治、父親役は光石研とクレジットがなかなかシブい一作なのだが、中でもドスの利いた田中の芝居はひときわ目を引く。

主人公（菅田将暉）との微妙な距離感がある会話や、異様な家族関係を諦念をからめて淡々と語る様はもちろんのこと、自ら営む魚屋で黙々と魚を捌く手際や、左手が義手なので右手だけでショートホープを取り出して吸う仕草など、細部にまで行き渡った田中メソッドに圧倒される。

とりわけ、「なんであん時やらんかったんかち、いまでも不思議なそ」と、怪物じみた夫をかつて殺さなかったことを悔やむシーンが秀逸だ。悔恨を心底に溜め込んだその姿には、かつて仕留め損なった白い巨鯨を追い続ける船長のような狂気すら滲む。そういえばあの船長は義足だったが彼女は義手なのだな、などと止めどもなく勝手な妄想が膨らんでいくほどに、本作での田中の演技には凄みがある。ようやく還暦を越えた女優・田中裕子の老女時代は、まだはじまったばかりだ。

AGING IS AMAZING!

# 風間杜夫は胡散臭さの達人である

風間杜夫の出世作となった『蒲田行進曲』（八二年）のスター俳優・銀四郎役は、自分の子を身ごもった女（松坂慶子）を子分格のヤス（平田満）に押しつけるような非道い男だ。だがその一方で、嫉妬と涙を隠さない子供のような正直さや人情家の一面もあって、憎みきれない男でもある。人間の矛盾を丸ごと飲み込んだようなこのキャラクターを、つかこうへいと深作欣二は風間に演じさせ、十二分に彼の魅力を引き出してみせた。その慧眼と手腕には改めて唸らされる。

この銀四郎という役柄の中には、役者・風間杜夫の資質が凝縮されている。

まず、濡れ場もこなせてシリアスな芝居もできる二枚目の顔である。『異人たちとの夏』（八八年）で演じた、彼岸の世界に棲む若き日の父母（片岡鶴太郎と秋吉久美子）に魅入られていく脚本家役がその代表作だろう。『陽暉楼』（八三年）で演じた浅野温子の相手役も正統派の二枚目だった。

もうひとつは、テンポのいい台詞と絶妙な間合いで魅せるコミカルな三枚目の顔である。『椿三十郎』（二〇〇七年）での、謀略に加わったものの終始オロオロしっぱなしの小悪党ぶりや、『初夜と蓮根』（二〇一二年）の父親役で見せたスラップスティックな演技などがそれである。

そして最後に、これら2つの資質を掛け合わせたところに生まれる独特な胡散臭さである。普通、二枚目と三枚目を掛け合わせると愛嬌のある男前（二枚目半）になるのだが、風間の場合、時として二枚目の顔が欺瞞に映り、その下の三枚目の顔が卑劣に見える（ように滑稽に演じる）のだ。後ろめたさを隠すためにわざと尊大に振る舞う役柄や、どこか怪しげな人物を演らせたら、風間は独特な精彩を放つ。

たとえば、かつては『熱帯楽園倶楽部』（九四年）の詐欺師役がまさにそうだった。『SFサムライ・フィクション』（九八年）の昼行灯に見えて本当は剣豪という浪人役も、少し毛色の違う怪しさを醸し出していた。

近年でもその勢いは衰えていない。還暦を越えて演じた『綱引いちゃった！』（二〇一二年）の市長役は、欺瞞と卑劣をかけ合わせて滑稽に見せる風間の持ち味が遺憾なく発揮されている。

この作品は、給食センターの廃止撤回を賭けて職員たちが綱引きで全国大会出場を目指す物語なのだが、そもそもその約束の相手が風間演じる市長なのだから信じる方が悪い。案の定、後半になると約束はしれっと反故にされるのである。詭弁を弄して前言を翻すシーンでの、風間の台詞回しと傲慢な表情がいい。職員に詰め寄られ、殴られたあとの乱れ髪とずれたメガネにすら、どこか作り物めいた感じをあしらうところに、風間の役者魂を感じる。

胡散臭さをとことん煮詰めた怪人物役としては、『インスタント沼』（二〇〇九年）の電球のおっちゃん役が白眉である。デコっぱげのヅラと奇人全開の衣装で、風間が覚悟をもって演じきるこの骨董品屋の怪しさは特筆に値する。とにかく風変わりな人ばかり出てくる三木聡監督作品においても一二を争う強烈なキャラクターである。よく引き受けたなと思うくらいの役柄なのだが、奇矯な芝居の中に、父から娘（麻生久美子）への、人生を愉しむサジェスチョンをさらっと忍び込ませるあたり、風間の熟達の技が光る。やはり、「金」四郎の本物感よりも、「銀」四郎の偽物感の方が、風間杜夫にはよく似合っている。

AGING IS AMAZING!

# 吉行和子はまだまだこれから

全盛期に何十本という作品で主役を張り、年を重ねてからは脇役に退いて年相応の役割を果たす俳優は多い。だが、全盛期は基本的に脇役で、年を重ねるほど主役の本数が増えていくというのは、あまり聞いたことがない。ましてや女優でそういうキャリアを歩んでいる役者は、かなり珍しいだろう。近年の吉行和子の活躍は、そういう意味で感嘆に値する。

『人生、いろどり』（二〇一二年）、『燦燦 さんさん』（二〇一三年）、『御手洗薫の愛と死』（二〇一三年）、『東京家族』（二〇一二年）、『春なれや』（二〇一六年）、『雪子さんの足音』（二〇一九年）。今年八十四歳になる吉行のここ数年の主演作である。喜寿以降の8年間になんと6本。その内容も、正攻法の人間ドラマあり、ホームドラマあり、ラブロマンスあり、サスペンスありと、主演女優が物語を引っ張らなければならない作品ばかりで、第一線の主役級俳優並みの旺盛な仕事量だ。

中でも、かの有名な「葉っぱを売る村」の実話を元にした『人生～』での堂々たる主役ぶりは出色である。吉行の代表作である『愛の亡霊』（七八年）と同じ藤竜也とのコンビに、思わずにやりとしてしまう本作だが、さすがに殺人や濡れ場や拷問は出てこない。しかし、料亭につまを売る新事業へのあふれる思いから「うちが何でもいいなりになると思うとったら大間違いでよ！」と感情を剥き出しにして藤に食ってかかる芝居や、藤や富司純子との泥にまみれての熱演は、『愛の亡霊』とは違う意味での体当たり演技である。新しい仕事を見つけてわくわくすると語る主人公の姿は、そのまま女優・吉行和子の今の姿に重なる。

山田洋次監督の趣が異なる2作品で見せた芝居の振り幅の大きさにも驚かされた。夫役の橋爪功とのW主演である『東京家族』（二〇一二年）と、同じ共演陣で臨んだ『家族はつらいよ』（二〇一六年）である。

前者は小津安二郎の『東京物語』（五三年）を下敷きにしたそこはかとなくしんみりとした家庭劇、後者は熟年離婚騒動を軸にしたコミカルな家庭劇であるが、橋爪をはじめとする芸達者が居並ぶ中でも、吉行のチャーミングさは俄然目を引く。

『東京家族』での、経済観念が独特な次男（妻夫木聡）に内緒で婚約者（蒼井優）にお金を渡す場面や、その妻夫木に夫と結婚した理由を問われて「お父さん、ええ男じゃったんよ、そんだけ」と照れ笑い混じりに答える場面などは、本当にいじらしく、可愛らしい。

一方の『家族はつらいよ』では、橋爪に誕生日プレゼントにほしいものを訊かれて「そんなにお高いものじゃないの」としれっと離婚届を差し出したり、家族会議で、淡々と、しかし身も蓋もなく、夫と別れたい理由を並べ立てたりと、ブラックユーモアの切れ味も鋭い。

この厚み、この旨味、このバイタリティーである。九十歳代まで美容師を続けた母のあぐりのように、まだまだこれからも吉行和子には主役を張り続けてほしいと思う。

AGING IS AMAZING!

# 石坂浩二が撤退戦をたたかう

石坂浩二の当たり役である金田一耕助という役柄は、負け試合の終盤に登板する敗戦処理投手のようだ。ご存知の通り、このシリーズでは毎回猟奇的な連続殺人が発生する。『犬神家の一族』（七六年）で5名、『悪魔の手鞠唄』（七七年）で4名、『獄門島』（七七年）で6名、『女王蜂』（七八年）で5名、『病院坂の首縊りの家』（七九年）で4名と、金田一の登場後に関係者が次々と死んでいく。だが、彼が事前に犯人の次の動きを察知し、殺人を未然に防げたことはただの一度もない。また、犯人は必ず最後に自殺（もしくは無理心中）するので、逮捕に至ることも皆無だ。ある種の敗戦処理係として名推理で不可解な事件の謎を解き明かすことが、このシリーズにおける彼の役割なのである。

キャリアも半世紀を越え、重厚な風格が増してきた近年では、大物政治家などを演じることも増えた石坂だが、その中でもやはり負け戦を担う責任者役にはいい仕事が多い。たとえば、『日本沈没』（二〇〇六年）の総理大臣役などは、国土喪失というこれ以下はない最悪の撤退戦の指揮官である。ところが、石坂演じるこの総理は、「愛する者とともにこの国と一緒に滅んだ方がいい」などと、側近に厭世的な本音を漏らしてしまうような、少し変わったリーダーなのだ。こんなナイーブな政治家がいるとはとても思えないのだが、あの知的な自嘲の笑みを浮かべた石坂に演じられると、得もいわれぬリアリティが漂うから不思議だ。そういえば、石坂が佐久間良子の夫役を務めた『細雪』（八三年）も、いわば四姉妹の撤退戦の物語だった。滅びゆく船場の旧家に婿養子として寄り添うあの男が総理になったらこんな感じなのかもしれない。

『沈まぬ太陽』（二〇〇九年）で航空会社の再建を任される会長役も、困難な撤退戦をたたかっていた。しかしこちらは、一見柔らかな物腰に見えて実はしたたかという、なかなか気骨のある役どころだった。政治家の都合で梯子を外され、志半ばのまま辞職に追い込まれながらも、去り際に抵抗勢力の守旧派に一矢報いてみせる老獪さが小気味よかった。

近年の撤退戦としては、図書館の自衛組織・図書隊の司令を演じた『図書館戦争』（二〇一三年）と『図書館戦争 THE LAST MISSION』（二〇一五年）の2作がある。

この作品は、統制国家の焚書を題材にしたF・トリュフォー監督の『華氏451』（六六年）を思わせる世界が舞台になっている。メディア良化法なる厳しい検閲法制が敷かれ、既に相当数の図書が焼却されている状況からして、守勢にまわる石坂は今回も明らかに分が悪い。

両作ともに石坂には大舞台が用意されていて、1作目では葬儀の弔辞で、2作目では敵地に乗り込んでの大演説で、彼が熱く語る長台詞がひとつの見どころになっている。「この世界はまだ守るに値する。この身を賭けてでも」という青臭いキメ台詞も、石坂が口にすれば、負け戦を担わざるをえない指揮官の切実な覚悟と悲哀が滲む。戦闘で片足を失い、敵方にじりじりと追いつめられていくその姿は、「劣勢に立たされた知の自由」というこの作品のテーマそのものでもある。知の撤退戦をたたかう。まさに石坂浩二の真骨頂である。

AGING IS AMAZING!

# 宮本信子は働く女の開拓者だ

邦画の中で一時代を築いた伊丹映画は、その後数多く作られることになった「未知の業界モノ」というジャンルを切り拓いた。その主役を長く演じ続けたのが宮本信子だ。『タンポポ』（八五年）のラーメン店の店主、『マルサの女』（八七年）の国税査察官、『ミンボーの女』（九二年）の弁護士、『スーパーの女』（九六年）のスーパーマニアの主婦等々、伊丹の脚本が宮本前提のアテ書きだったから当然といえば当然なのだが、これらの作品の主演は彼女以外にはありえなかっただろう。

徹底的な取材に基づいて書かれた伊丹の脚本の情報量は毎回凄まじかった。本来ならばナレーションやテロップあるいは図解で解説しなければならないほどの情報を、彼女はあくまでもドラマの中の台詞として、説明的にならないように、ひとつの演技として的確に表現していた。その苦労は並大抵のものではなかったはずだ。

伊丹にとっての宮本は、黒澤明にとっての三船敏郎だったのだろう。情報の銃弾飛び交う中でアクの強い個性派俳優たちがシノギを削る伊丹活劇の中心には、彼女の快活で胆の座った存在感が欠かせなかった。

この夫婦が切り拓いたジャーナリスティック・エンターテイメントとでも呼ぶべき分野は、映画では周防正行（伊丹映画のドキュメンタリーも監督）や矢口史靖に受け継がれ、現在のテレビの情報バラエティ番組にまでも影響を与えているといえる。一業界とそこで働く人々の中に語るべきドラマがあり、それが娯楽作になることを世に知らしめたのは伊丹と宮本だった。

同時に宮本は、男と対等に働く女の開拓者でもあった。今では当たり前になった、組織の中でバリバリ働く女性主人公の原型は、間違いなく『マルサの女』の板倉亮子である。もちろんそれまでも藤純子や梶芽衣子のような自立した強い女性主人公がいなかったわけではない。だが、彼女たちはあくまでもアウトローであり、ある種のファンタジーの世界の住人だった。男社会の現実を反映して、映画でカタギの女性職業人が主人公になることは当時まだまだ少なかったのである。この国で男女雇用機会均等法（八五年）を最初に見える化したのは宮本信子だったのだ。

還暦を越えての出演作である『阪急電車 片道15分の奇跡』（二〇一一年）には、そんなかつての開拓者である宮本への敬意が溢れんばかりに満ちている。この作品で、酸いも甘いも噛み分けた六十五歳の女性を演じる彼女は、電車の中で出会う女性たちの悩みを聞き、次々にアドバイスしていく。それは、退官後の板倉亮子の姿であり、その語り口には退役軍人の風格すら漂っている。

元婚約者の結婚式にあえて純白のドレスで出席してきた傷心の中谷美紀を「好きよ、そういう女は」という言葉でやさしく包み込み、ＤＶ彼氏に突き飛ばされた戸田恵梨香には「くだらない男ね。やめといた方がいいと思う」と忠告する。中でも、いつまでも泣き止まない孫役の芦田愛菜にかける一言が凄い。「泣くのはいい。でも自分の意志で涙を止められる女になりなさい」。これは当時、当代きっての「泣き女優」といわれた芦田への、大先輩女優からの深すぎる金言である。『マルサの女』に登場する携帯電話は肩掛け式であった。そんな時代から最前線で闘い続けてきた女の言葉には、やはりただならぬ重みがある。

AGING IS AMAZING!

第6章

# 死に方は、生き方である

老いに優れた者は、幕の引き方にもこだわる。
死に方は、生き方である。最期のかたちに、その人の人生があらわれる。
エンディングに、その映画のすべてが凝縮されているように。これまでの歩みを振り返って、
老骨に残りし花をどう咲かせるか。それを決めるのは、あなた自身だ。

AGING IS AMAZING!

# 樹木希林が究めたトボケ

生涯をかけて「トボケ」を究めた稀有な女優である。ボケとツッコミで知られる「ボケ」と、「トボケ」は違う。「ボケ」はどこまでも的外れに徹するが、「トボケ」はわざと的を外していることが最初からバレている。「本当はそうではない」ことを周囲に知られてしまっているのに、素知らぬ顔でそうであるかのように振る舞う、しかもそれが不快に映らない芝居というのは、もはや一種の神業である。その姿勢は、癌闘病を公表しながら飄然を装い続けた晩年にまで貫かれていた。

樹木希林(当初の芸名は悠木千帆)は最初からトボケていた。ドラマ『寺内貫太郎一家』(七四年)の老婆役が有名だが、当時の彼女はまだ三十代前半だった。老けメイクと老けた演技はしていても眼光は若く肌もハリがあって、本当はそうではないのは誰の目にも明らかだった。それでもなお老婆ですと言い張るような強引な芝居を、コントではなく、あくまでもドラマでやっていたのだ。久世光彦の演出も斬新だが、それに応えて独特なおかしみを醸し出した樹木のトボケっぷりも突き抜けている。

長らくテレビとCMのイメージが強い彼女だったが、映画には六十年代からコンスタントに出演を続け、やがて邦画界に欠かせないベテラン女優のひとりとなった。還暦を越えてからは、『東京タワー ～オカンとボクと、時々、オトン～』(二〇〇七年)、『悪人』(二〇一〇年)、『わが母の記』(二〇一一年)などの正統派の老母役で完成度の高い演技を見せ、多くの賞にも輝いた。これらは老け役ではなく、実年齢に近い高齢者役であり、ようやく役に年齢が追いついた格好だった。

彼女独自のトボケが晩年に最も発揮された作品としては、遺作となった『万引き家族』(二〇一八年)の祖母役も捨てがたいが、同じ是枝裕和監督の『歩いても 歩いても』(二〇〇七年)をあげたい。是枝作品は何者かの不在を物語の中心に据えることが多いが、今回は十五年前に事故で亡くなった長男の命日に家族が集うという設定である。

本作の樹木の芝居は、悪魔的に、いや妖怪的に巧い。人を食った芝居で、主演の阿部寛を含む他の役者も食ってしまっている。この作品の樹木は、脇役でありながら完全に主役なのだ。それは、人間の虚実を容赦なく、かつどこかユーモラスに描く是枝節に、樹木の「本当はそうではない芝居」が見事にシンクロしているからである。

次男の結婚相手のことを本当は快く思っていない。数十年前の夫の浮気を本当は赦していない。そして長男が命を落として助けた子供のことを本当は心底怨み、成人した今でも命日に呼び続けている。樹木が演じる老母は、平穏で寛容なように見えて、本当はそうではないのだ。

時が解決するというのは慰めに過ぎない。日々を重ねても重ねても、決して消えない負の感情がある。そのどうしようもなさを、彼女は、おぞましく、せつなく、だがあくまでも軽やかに演じる。そのトボケの切れ味は、鋭い。

最晩年の数年間、樹木はインタビューや舞台挨拶の度に自らの余命を口にした。その言葉は、飄々と死を語ると見せかけて、実は切実な生を語っていた。最期の最期までトボケ切って、樹木希林はこの世から去った。

AGING IS AMAZING!

# 菅原文太の食う飯は旨そうだ

菅原文太がメシを食う。実に旨そうだ。文太の食べるシーンといえば、やはり『トラック野郎』シリーズ（七五～七九年）だろう。同シリーズでは、文太演じる長距離トラック運転手の桃次郎が、全国各地のドライブインでどんぶり飯をかっ食らう姿が毎回登場するが、第6作『トラック野郎・男一匹桃次郎』（七七年）冒頭の、冬の海辺での朝食がまた旨そうだ。

相棒のやもめのジョナサン（愛川欣也）が目玉焼きとパンをわざわざナイフとフォークで食べるという鈴木則文監督一流のギャグを演じるそばで、桃次郎は持参した七輪で焼いたメザシを、どんぶり飯とともにかき込む。質素だが、真っ当で豊かな朝食だ。夜明け前の海岸の、メザシと白いメシが羨ましく思えてくる。それはやはり文太が食っているからだ。

同シリーズでは酒を呑むシーンも多い。これも文太は実に旨そうに呑む。ドライブインで、小料理屋で、特殊浴場で、ビールや日本酒を空けている。だが、不味そうに呑むシーンも必ずある。毎回マドンナにフラれてヤケ酒をあおることになるからだ。

同時期に数多く出演している実録やくざものになると、圧倒的に不味そうな酒の方が多くなる。とりわけ『仁義なき戦い』シリーズ（七三～七六年）では、親分の二枚舌、組織の理不尽、仲間の裏切りに苦悶しながら呑む酒ばかりである。お疲れ様の一杯であれ、失恋の一杯であれ、文太が呑めばそこに共感が生まれる。

彼の銀幕引退作は、主演では『わたしのグランパ』(二〇〇三年)、助演では『バッテリー』(二〇〇六年)になる。どちらの作品でもやはり酒を呑むシーンは多い。ただ、もはやかつてのように不味そうには呑まない。実はどちらの役どころも過去に傷を抱えた陰のある人物像なのだが、そういった苦味も含めて人生を味わうような、どこか泰然とした呑み方である。また、めしをかっ食らうようなことも、もうしない。すき焼きはまず孫の皿に肉を入れてやるし、バーでもウイスキーのアテにプレーンオムレツをつまむ程度だ。

『わたしのグランパ』にこんな場面がある。刑期を終えた文太が自宅で十三年ぶりに家族と食卓を囲み、コップに注がれたビールを一気に飲み干す。息子の平田満が2杯目を注ごうとすると掌でコップにふたをする。そして噛み締めるようにいう。「ビールがね、体中に沁みていく音がする」。もう一度勧められても飲まずにこう続ける。「銀シャリをいただく」。観客の心に文太が沁みていく名シーンである。

この場面は文太の引退試合だ。彼が飲み干したこの一杯は、半世紀にわたってありとあらゆる場所であらゆる酒を飲み続けてきた男がたどり着いた、最後の一杯なのだ。もはや怒りを交えることはない。悲しみを紛らわせることもない。ただただ全身で酒そのものを味わうという、ラストショットなのである。そしてこの一膳の銀シャリは、旨い飯からクサい飯まで食い続けてきた男がたどり着いた、最後の晩餐、シメの一膳なのだ。

自分の呑み食いにきっちりおとしまえをつけて、文太は逝った。それは実に彼らしいラストシーンだった。

# 加藤 剛は マジメの代名詞である

時代劇の世界にあって、大岡越前は珍しく色気がない主役だ。遠山の金さんも、桃太郎侍も、暴れん坊将軍も、皆ケレン味たっぷりでそれぞれに色気がある。だが、大岡越前守忠相には、人情味はあっても色気はない。むしろ浮いた話が似合わないところに魅力があるキャラクターだ。

なぜそう思うのだろう。それは加藤剛が三十年間も演じ続けたからに他ならない。同じ一九三〇年代生まれの中村梅之助や萬屋錦之介が演じていたら、我々の大岡越前像はもっと違ったものになっていたことだろう。マジメ一筋。実際のご本人もそういう方だったらしいが、あのどこまでも品行方正な越前像は、加藤剛というひとりの役者の生理が創り出したものなのだ。

加藤はこの役に半生を捧げた。それゆえに、彼にはマジメな役のオファーが集中した。また彼もそれを断らなかった。大岡越前という国民的主役を続けるうちに、そのイメージを崩せなくなったという事情もあったのかもしれないが、指名は使命とばかりに、加藤は生涯マジメ役を演じ続けた。

『この子を残して』（八三年）の自ら被爆しながらも長崎の記録を後世に残そうとする医師。『新・喜びも悲しみも幾歳月』（八六年）の夫婦仲のよい誠実な灯台守。『伊能忠

敬　子午線の夢』（二〇〇一年）のとにかく愚直に歩いて測量を重ねる忠敬。いずれの人物も、ただただひとつのことに向かって日々を積み重ねていく、筋金入りのマジメな人物ばかりだ。

『砂の器』（七四年）では殺人犯役だったが、加藤が演じれば観客は悪役とは見ない。「確かに彼は罪を犯したが、本当の犯人は別にいる。彼をここまで追いつめたハンセン病差別こそ真犯人だ」となる。加藤の真摯な芝居には、作品の奥深いところまで観客を連れていく力がある。

数多くの賞に輝いた『舟を編む』（二〇一三年）は、諦念と冷笑に病んだ今の世の中で、マジメの失地回復を、あくまでも肩の力を抜いて宣言するかのような秀作だ。もちろん、マジメの代名詞である加藤に声がかからないはずがない。辞書編纂に生涯を捧げた国語学の先生役は、加藤のために用意されたかのような役柄だ。加藤はこのはまり役を、柔らかく、静かに、情熱的に演じている。

「今を生きる辞書を目指すのです」「略語・俗語・若者言葉もできるだけ採り入れたい」と、辞書に収録する用例採集のために、加藤は日々言葉の海に挑み続ける。ラジオを聴いて新語を渉猟するのはもちろんのこと、ファーストフード店で女子高生の会話にまで耳を傾け、時には合コンにすら出向く。一途に、ストイックに、黙々と仕事を積み重ねていくその姿は、加藤の役者人生そのものだ。どんなに時代が変わろうとも、真っ直ぐで熱い生き方は、やはり人の心に届く。観る者の内なるマジメ心を揺さぶって、ゴロ寝で眺めていた者を座り直させ、やがて正座させてしまうような、もはやそんなレベルに達した芝居である。

作品内で編まれた辞書『大渡海』でぜひ「マジメ」を引いてみたい。きっと用例には「加藤剛のような」と書かれてあるに違いない。

AGING IS AMAZING!

# 八千草薫のかわいいという境地

歳を重ねた女優の生きる道には、アンチエイジングもあればイジワルばあさんもあるが、「かわいい」にはなかなかなれない。八千草薫は、その境地に到達した数少ない女優のひとりだった。

女性の「かわいい」が難しいのは、演技に見えると世の中の反感を買うところだ。たとえ男性は騙せても、同性に勘付かれれば最後、たちまち「女の嫌いな女」にランクインしてしまう。その傾向は若いほど顕著だ。だからといって老齢なら容易いのかといえば、さらに難しい。ふつう、人は歳をとるほどかわいくなくなるものだからだ。晩年「かわいいおばあちゃん」として不動の地位を築いた八千草が、いかに稀有な存在であったのかがよくわかる。

宝塚の娘役出身の八千草は、二十代には『宮本武蔵・三部作』（五四〜五六年）や『蝶々夫人』（五五年）で清純派ヒロインを務め、四十代以降は『不毛地帯』（七六年）や『ハチ公物語』（八七年）といった作品で、日本の理想的な母親像を繰り返し演じ続けてきた。これらの役柄に一貫していたのは、彼女ならではの上品で控えめな愛らしさであり、その蓄積によって、八千草の「かわいい」というイメージは徐々に形作られていった。

ガーリー（女子っぽい世界観）で名を馳せたソフィア・コッポラ監督がデビュー作

『ヴァージン・スーサイズ』（九九年）を発表したのは二十八歳の時だった。中みね子監督は、彼女より半世紀年長の七十七歳でデビューしながら、本家に負けず劣らずのガーリーな作品を作り上げた。八千草を主演に据えた『ゆずり葉の頃』（二〇一四年）である。

この作品には、軽井沢、こじゃれた喫茶店やレストラン、瀟洒なペンション、オルゴールといった女子感たっぷりの舞台やアイテムが次々と登場する。そのような、ある意味非日常的な空間の中で、これでもかとばかりに八千草の「かわいい」が炸裂する。

道案内してくれた喫茶店のマスター（岸部一徳）に、お礼として差し出すのは、どんぐり飴入りの手作りの巾着袋である。さらに「これヘンなお土産です」と寺で拾った銀杏の葉まで添える。マスターに再会したときには「今日はお土産ありません」と悪戯っぽく微笑み、探していた絵が観られないことを「焦がれていた絵に会えず」と表現する。さらに後半、初恋の人である画家（仲代達矢）に会ってからは、いまだ少年っぽさが残る仲代の言葉や振る舞いに、都度都度、少女のように恥じらってみせ、どこまでもガーリーな芝居を重ねていく。その徹底ぶりは、あっぱれというほかない。

この作品は、その題名が象徴しているように、ひとりの女性の終活の旅を描いた作品でもある。老いや死に正面から向き合おうとする主人公の姿は、八千草の逝去によって、図らずも、彼女の女優としての終活の記録ともなった。本作の愛らしくもどこか肝の据わった佇まいの中には、『阿修羅のごとく』(二〇〇三年)の実はしたたかな老母や、『ディア・ドクター』(二〇〇九年)のモラルより自分の気持ちに正直であろうとする老女など、かつて演じた役柄の息づかいが感じられる。八千草薫が生涯貫いた「かわいい」の奥に棲んでいたのは、そんな芯の強い女性の姿だったように思う。

# 平幹二朗の王の風格にひれ伏す

二〇一六年に逝去するまで、平幹二朗は現代演劇界の王であり続けた。王の役が多いことで知られる王でもあった。マクベスやオイディプスなど舞台で演じてきた王様役は数知れない。

平は、演劇、映画、テレビを問わず六十年間に渡って旺盛な活躍を続ける中で、四十代以降、蜷川幸雄演出の舞台で数多の悲劇の王を演じ、内外で高く評価されるようになった。それにつれて映画界でも『日本海大海戦　海ゆかば』(八三年)の明治天皇や、『必殺!ブラウン館の怪物たち』(八五年)の老中など、重厚さを求められる王様的な役柄を演じることが増えていった。

平の懐の深いところは、こういった正統派の王様だけでなく、「平幹二朗の王様のイメージで遊んでみたい」と考える気鋭の監督たちの望みにも目一杯応えてみせたところだ。

実相寺昭雄監督の『帝都物語』(八八年)では陰陽師の総帥・平井保昌に扮し、林海象監督の『ZIPANG』(九〇年)では金閣寺が化けて出たようなジパング王になりきってみせる。鈴木清順監督の『オペレッタ狸御殿』(二〇〇四年)では自分の美しさを誇るために息子に手をかけようとする暴君・安土桃山役を演じ、三池崇史監督の『忍たま乱太郎』（二〇一一年）の学園長役では原作漫画のデフォルメそのままの奇抜なメイクも辞さない。「イメージがこわれる」などという器の小さいことを平はいわない。浮き世離れした変化球の王様であってもノリノリで演じてみせる。これぞ堂々の王の風格である。

遺作となった『円卓　こっこ、ひと夏のイマジン』（二〇一四年）では芦田愛菜演じる小学三年生の主人公・琴子の祖父役を演じている。もちろん王様などではなく、公団住宅に住む市井の老人役なのだが、これがなかなか奥の深い人物像なのである。琴子と親友のぽっさん（伊藤秀優）のそばで本を読みながら2人を静かに見守る姿や、言葉の端々ににじみ出る豊かな教養は、隠居した王様のような慈愛と見識を湛えている。

いつもは見守り役の平が、琴子とぽっさんの話し合いに加わるシーンが素晴らしい。琴子には、自分がカッコいいと思ったものを真似する癖があり、ただそれが不整脈や吃音だったりするのでよく先生に叱られている。ぽっさんは、自分に悪気はなくても、その人にとっては嫌な場合があるのだというが、彼女にはいまいちピンとこない。

人と人との関係のあり方について、おそらく生まれて初めて必死に話し合おうとしている少女と少年の姿は、微笑ましく、せつなく、じわじわと観る者の心に沁みてくる。そこに平はひとつのサジェスチョンを与える。「ぽっさんに、琴子よ、イマジンはなあ、歳とったらなあ、わかってくることもある」からはじまる平のイマジン講義は、人間関係の齟齬を補うのは想像力なのだと説く。その語りは、自然体で、淡々としているが、圧倒的だ。このシーンがあったから、ほかの役者ではなく平だったのだろうと思えるような、貫禄の芝居である。

実はこの作品でも、ぽっさんの夢の中で、平は浮き世離れした姿（鹿を連れた寿老人）を少しだけ披露している。確かに原作でもほのめかされていることなのだが、わざわざ映像にするとは、行定勲監督も、平も、やはり遊んでみたかったのだろうか。神々しい寿老人の姿は、平幹二朗のフィルム上での遺影として、申し分ないものだったと思う。

AGING IS AMAZING!

# 津川雅彦のいけしゃあしゃあ

「いけしゃあしゃあ」をやらせたら日本一の名優だった。平然と嘘をつく。恥も外聞もなく前言を翻す。美辞麗句の裏側で人を陥れる準備を着々と進める。しかも女たらしという、これ以下はないと思える最低の人間を、これ以上ない最高の芝居で演じてみせたのが津川雅彦だった。津川が憎まれ口を叩けば叩くほど、不正義に憤る主役の気持ちに感情移入しやすくなる。自分の運命を呪う女の哀しみが我が事のように響いてくる。

津川のいけしゃあしゃあに脂が乗り始めたのはやはり中年以降である。まず四十代では、『迷走地図』（八三年）の狡猾な二枚舌政治家や、『ひとひらの雪』（八五年）の舌が二枚では足りない好色家も捨てがたいが、『天国の駅　ＨＥＡＶＥＮ ＳＴＡＴＩＯＮ』（八四年）の悪辣極まる旅館の主人を代表作としてあげたい。

嘘泣きで吉永小百合演じるかよの気を引き、従業員に妻を殺させて後妻に迎え入れる。だが、しばらくすると態度が一変し、「わしはこのからだだけがあればそれでいい」とモノ扱いして服従を強いるようになる。「私はあなたの何なんですか」と尋ねる吉永に「きれいなおもちゃだ」といい放つ津川には真っ黒な後光が差して見える。

五十代になると、津川は伊丹十三監督作品で悪役でも色男でもない人物を魅力たっぷりに演じ、役者としての幅をさらに広げていく。だが、そのような時期にも、いけしゃあしゃあを忘れてはいない。『集団左遷』（九四年）での、大量解雇を画策する副社長役はまさに最高の最低である。

水面下では任侠映画の悪役顔負けの卑劣な陰謀を仕掛けているくせに、うわべの言葉は綺麗事ばかり並べ立てる。秘書に手を出し、贈賄までしておいて会社のためだという。そのすべての台詞に「ホントによくいうよね…」と返したくなる怪演だ。

キュートないけしゃあしゃあもある。還暦を越えて出演した『落語娘』（二〇〇八年）での、清濁も軽重も併せ呑んだような落語の師匠役は、津川の魅力を余すことなく発揮した役柄だ。

万事調子がよく、酒と女に目がなくて、金銭感覚はルーズそのもの。ミムラ演じるまだ前座の弟子に風俗代を立て替えさせて平然としているようなどうしようもない師匠なのだが、津川の行き届いた演技によって独特な親しみのあるキャラクターに仕上がっている。

宴会や女性とのやり取りで見せる軽薄と好色、弟子との芸談や高座で見せる重厚と一徹、居眠りやお茶漬けの食べ方で見せる人間味と生活感など、これまで演じてきたキャリアが渾然一体となった熟達の芝居は、この小さな作品を小粋な作品に昇華させている。

七十代になっても津川の出演作は途切れることがなく、いけしゃあしゃあぶりも健在だった。たとえば『交渉人 THE MOVIE タイムリミット高度10,000mの頭脳戦』(二〇一〇年)では、不気味なまでに落ち着き払った悪の親玉を演じていた。逮捕されても「私は守られている」と嘯くその巨悪感はさすがの貫禄であった。二〇一八年に七十八歳で逝去するまで、その憎々しくもニクいサービス精神は衰えることがなかった。

AGING IS AMAZING!

# 市原悦子の全方位的貪欲

日本の役者の場合、その活躍の場は、映画、演劇、テレビのいずれかが中心になることが多い。本人の資質や志向に加え、スタッフとの縁なども相俟って徐々に軸足が定まり、やがて映画俳優や舞台俳優と呼ばれるようになっていく。

市原悦子は、こういった役者の常識の埒外にいる存在だった。「舞台女優としてデビューし、その後テレビを中心に活躍」というように、経歴を一口で説明することが非常に難しい。それは単にキャリアが長いからだけではなく、どこに軸足があるのかわからないほど多彩な活躍を長年続けてきたからだ。

舞台では、三十代半ばまで俳優座の看板を背負い、その後独立してからも新劇女優のトップランナーであり続けた。並行して、豊田四郎、川島雄三、勅使河原宏ら名匠の映画にも数多く出演し、中年期以降は邦画史に残る作品の中で個性の強い役柄を着実にものにしてきた。

四十代には『青春の殺人者』（七六年）で、夫を殺した息子（水谷豊）もろとも無理心中しようとする母親役を大熱演して注目を集め、五十代では『黒い雨』（八九年）で、原爆症に蝕まれていく叔母役を静かに演じて高い評価を得た。六十代になると、『うなぎ』（九七年）で心を病んだ母親役を演じる一方、棄老の村を題材にした『蕨野行』（二〇〇三年）では、六十七歳にして堂々の主演を務めてみせた。どの年代の、どの芝居にも、周囲の役者をすべて食いかねない強烈なオリジナリティが漲っている。

テレビでの実績にも触れないわけにはいかない。『家政婦は見た！』に代表されるいくつもの大ヒットドラマの主演だけでも大変なことなのに、彼女の場合はこれに『まんが日本昔ばなし』での、全登場人物の声を常田富士男と2人だけで演じ分けるというあの神業が加わる。さらにナレーターと朗読でも第一人者であり続けたのだから、役者としてできることはすべてやり尽くそうとするこの全方位的貪欲さには脱帽せざるをえない。

遺作である『しゃぼん玉』（二〇一六年）でも、その貪欲さは遺憾なく発揮されていた。都会で罪を犯した青年の山村での再生を描くこの作品は、主演の林遣都と猟師役の綿引勝彦の好演も光るが、田舎のおばあちゃんになりきった市原の老練な芝居が群を抜いて素晴らしい。

頭から血を流して草むらに倒れている2時間サスペンス風の始まり方からして既に市原の独壇場で、彼女を助けた林がなし崩し的に寝食を共にするようになる筋書きそのままに、観客も市原ワールドに冒頭からぐいぐいと引き込まれていく。こたつで焼酎のお湯割りをちびちびと味わう姿や、林の失敗を見てゲラゲラ笑いながら「まーじぃー?」と声をあげる場面など、随所に散りばめられた愛くるしい演技も魅力たっぷりだ。

田舎の気のいい老婆によって青年のやさぐれた心が癒されていく物語自体に、はっきりいって目新しさはない。その裏側に流れる老いの孤独と悔恨を静かに見つめる視点も、ある意味オーソドックスかもしれない。それでも最後まで見応えがあって心地よい余韻まで残るのは、やはり市原の存在に負うところが大きい。そこには、長年にわたる多彩なキャリアが溶け合った、まろやかで懐が深い芝居が息づいている。「老骨に残りし花」と呼ぶにはあまりにも華やかな、最期の一輪だった。

# 根津甚八という名のサーガ

かつて石井隆脚本・監督の、低予算でも作りは丁寧で、映画に対する敬意と情熱に溢れた独特の手触りのある作品が、毎年封切られていた時代があった。村木と名美という名前を与えられた主役の男女はみんな不運で、それがバブル崩壊直後の空気感に妙に合ってもいた。不穏で官能的な音楽は、安川午朗だった。ゆったりと移動する長回しのキャメラは、佐々木原保志か笠松則通だった。そして、その現場には必ず根津甚八も立っていた。

『ヌードの夜』（九三年）では、名美（余貴美子）に執着するやくざ役、『夜がまた来る』（九四年）では、名美（を体を張って演じる夏川結衣）を体を張って支える村木役、『天使のはらわた 赤い閃光』（九四年）では、名美（川上麻衣子）をめぐる猟期的な事件に巻き込まれていく村木役、そして『ＧＯＮＩＮ』（九五年）では、暴力団の資金強奪を企てる5人組（佐藤浩市、本木雅弘、竹中直人、椎名桔平）の一人である氷頭役を演じた。どの芝居にも、根津一流のぞくぞくするような男の色気が漂っていた。

まるで石井作品の登場人物のように、根津の人生は波乱に満ちたものだった。三十代前半から黒澤明、柳町光男、工藤栄一といった名匠の作品で評価され、大河ドラマにも出演し、そのキャリアは順風満帆かと思われた。だが、五十歳を過ぎた頃から病に苛まれ、徐々に俳優業から遠ざかっていくことになる。決定的だったのは自らの運転で引き起こした死亡事故だ。これをきっかけに病苦もさらに激しさを増し、二〇一〇年には俳優引退の報が聞こえてきた。

あれほど輝いていた役者の、これと定めた引退作もないフェイドアウトに、何かすっきりしない思いを感じていた人は少なからずいたことだろう。辞めるのはやむを得ないとしても、せめて別れの挨拶くらいしたかったと。

そんな折、『GONIN サーガ』（二〇一五年）で根津が1作限りの復帰を果たすと聞き、やはり石井隆もそう思い続けていてくれたのかと、血が騒いだ。監督自ら出演交渉をしたのだという。スタッフに安川午朗と佐々木原保志の名前もある。もう公開前から物語が始まっていた。

そういう意味では、もはやこの作品を1本の純粋な映画として観ることは不可能だ。劇中で根津演じる氷頭は十九年間の昏睡状態から目覚めるが、この設定に根津本人の復活を重ね合わせない人はいないだろう。クライマックスに流れる森田童子の『ラスト・ワルツ』にメッセージ性を感じない人もいないだろう。佐藤浩市の友情出演からも、序列への配慮から便宜上使用される肩書きではない、根津への本物の友情が伝わってきて胸が熱くなる。この作品は、フィクションでありながらもノンフィクションなのだ。

根津は寝ているか座ったままかで、ほとんど動かない。台詞もないに等しい。だが、最後の襲撃を決意する東出昌大、桐谷健太、柄本佑の3人に鬼気迫る形相で「チャカ、チャ、チャカくれ、チャカぁ」と自分も行動をともにすることを告げる。そしてその言葉通り銃を手に参戦する。十分だ。これ以上何を望む。これでやっと、本人の口から引退宣言を聞けた気がする。しかも、根津らしい、ほんとうに根津らしい台詞で。

本作が公開された翌年、根津はこの世を去った。引退の花道として用意されたこの作品は、結果的に石井組による彼の生前葬となった。さらば愛しき甚八。あなたは、俺たちのサーガだ。

AGING IS AMAZING!

# 高倉 健は永遠の残侠である

世間がその死を知ったとき、高倉健は既にこの世を去っていた。密葬を終えてから逝去を公表することは、本人の遺志だったという。闘病する姿はもちろんのこと、衰えた姿すら見せずに、健さんは現役のままで忽然と姿を消した。それゆえに、訃報に接した私たちは、決定的な実感を持てないまま、彼を見送らざるを得なかった。この最期の「演技」によって、高倉健は永遠の侠（おとこ）として、映画の中に生き続けることとなった。

『鉄道員（ぽっぽや）』（九九年）で定年間際の駅長役を演じた時、高倉は六十八歳だった。『あなたへ』（二〇一二年）で六十代の刑務所の指導技官役を演じた時は八十一歳だった。晩年、高倉の実年齢と役柄の年齢の差は開く一方だったが、それは単なる若々しさの表現ではなかった。彼は愚直に時代遅れの侠を、「残侠」を演じていたのだ。既に世の中から失われつつある、だがかくあるべしと誰もが思う、信義に厚い侠の姿を、高倉はただひたすら演じていたのである。

古き良き日本人の美徳をハリウッド映画から発信してみせた『ブラックレイン』（八九年）の松本警部補、駅に生き駅に死す鉄道マンの魂を演じきりその年の各賞を総なめにした『鉄道員（ぽっぽや）』（九九年）の佐藤乙松、病床の息子の願いを叶えるためにたったひとり中国奥地まで出向く『単騎、千里を走る。』（二〇〇五年）の高田剛一など、約束を守り、謙虚に人としての道を貫く剛毅木訥な主人公を、高倉は晩年までひたむきに演じ続けた。

遺作となった『あなたへ』（二〇一二年）にも、そんな彼の残侠はぎっしりと詰まっている。本作は、妻の遺言に導かれて富山から長崎まで主人公が車で散骨に赴くロードムービーだが、全編を通じて、高倉の言動はどこまでも誠実でストイックだ。

旅に出るにあたって、おそらく半月程度の休暇であるにも関わらず、職場に退職願を提出してけじめをつけようとする。旅先で出会った人々との縁を大切にし、助けを請われれば快く力を貸す。台風が近づいていても車に泊まろうとし、余貴美子に招かれて家に泊まらせてもらうことになっても、客間ではなく食堂の片隅で眠る。散骨のための船を大滝秀次が出してくれないのは、自分の中に迷いがあるからだと内省する。もうこんな侠は現実にはいない。いないがゆえに、頑なに信義を貫く高倉の姿は、観客の心を打つ。

出世作『昭和残侠伝』（六五〜七二年）から半世紀にわたって高倉は残侠を演じ続けた。彼が演じる侠は、世の中がどのように変わろうとも、晩年まで決して変わることはなかった。変わることがなかったからこそ、役柄の年齢と実年齢の差以上に、彼の演じる侠は時代から乖離していった。そして、乖離すればするほど、高倉健という役者の孤高の輝きは増していったのである。人としてあるべき姿に根ざすその輝きは、永遠に衰えることはない。彼が遺した膨大な作品は、ほんとうの侠はもうフィルムの中にしかいないのかと、今も私たちに問いかけてくる。

*epilogue*

# すべての老いた者は老優である

## 求められるポスト還暦のライフデザイン

この世は舞台、すべての人は役者、というシェイクスピアの名言に倣っていえば、この世は映画、すべての老いた者は老優である。人は、ありのままに生きたいと思うと同時に、あのように生きたいとも希う。だからこそ、目標となる人が、ロールモデルが必要なのだ。そして、そのなりたい自分に近づこうとする行為こそが、演技なのである。

本書で紹介した四十八名の老優たちの、老いることに優れた生き方の中に、あなたが演じたいと思う老い方は見つかっただろうか。

私は、介護保険がはじまる前年の一九九九年に、縁あって高齢者福祉の世界に足を踏み入れた。この二十年間、高齢者を取り巻く環境が大きく変化していくさまを目の当たりにしてきたが、戦前世代が鬼籍に入り、代わって戦後世代が高齢化する中で、高齢者と呼ばれる人たちの意識が徐々に移り変わっていく様子も、つぶさに見てきた。

戦後生まれの高齢者の人生観や死生観は、戦前生まれのそれとは、明らかに異なる。老いというものを、ある種の諦念で受け入れる戦前世代に対して、戦後世代は、老いをそのようには捉えつつも、まだまだ人生に対して希望や意欲を失っていない。こういった意識の差は、戦争体験の有無や、受けてきた教育の違いによるところが大きいと思われるが、少なくとも、小津安二郎作品で笠智衆が演じた達観の境地だけでは、もはやポスト還暦の長い年月を乗り切れなくなってきていることだけは確かだ。

お仕着せの「老人」を演じる時代は終わった。男性で二十年以上、女性で三十年弱も続く第二幕のための、新しい筋書きや演技プランが私たちにも求められているのである。

団塊の世代以降の高齢者に向けたライフデザインを、どのように考えていけばいいのか。本書の各章で紹介した6つの切り口の中にも、そのヒントは見つけることができるだろう。

## 「社会的自己」とどう折り合うか

まず、第1章と第2章で取り上げた、レッテルをどうするのかという問題は、高齢期の最初にぶつかる壁である。

ふつう、レッテルというのは、家庭や会社の役割として受け入れてきたものか、不本意ながら剥がせなかったものが多い。一線を退くにあたってそれを返上するという路線変更は、もちろんあり得る。松竹大船調で育ったお嬢様である岩下志麻が、東映の『極妻』で180度方向転換して大胆に弾けてみせたように、藤竜也が『龍三と七人の子分たち』でハードボイルドのレッテルをひらりと裏返してコメディを演じてみせたように、それまで担ってきた役割から自分を解放し、セカンドステージに進むのは、非常に魅力的なシフトチェンジだ。あなたさえ望めば、そんな生き方も決して不可能ではない。

一方で、そのレッテルは、実はもうひとりの自分なのだという解釈も成り立つ。半世紀近く連れ添ったレッテルは、たとえ自分の意に添わないものであったとしても、もしかしたら、あなたにとって貴重な価値を持つ「社会的自己」だったのかもしれない。そのレッテルを演じ続けることであなたの高齢期がより豊かなものになるのならば、そのままにしておくという選択肢も、またあり得る。老いてなお、「出すぎた杭」を貫く桃井かおりや、「女優」の看板を掲げ続ける三田佳子が、あなたの目標になるだろう。

第3章では個性派の生き方という視点で考えてみたが、実は「社会的自己」をいちばん強く意識しているのは、他ならぬ個性派なのである。確かに、若い個性派は、社会からはみ出ることも多いが、老いることに優れた個性派は、社会の中での自分の立ち位置と価値を熟知しているものだ。慎重に仕事を選んでいるように見えるイッセー尾形や大竹しのぶだけでなく、とても仕事を選んでいるようには見えない石橋蓮司や柄本明にも、当然、プロとしてのしたたかな戦略はあるのだ。「彼を知り己を知れば百戦殆うからず」という言葉は、個性派のあなたのためにある。

## 「過去」をどう捉え直すか

第4章の脇役をきわめるという視点は、最もポスト還暦にフィットする考え方だったかもしれない。これまでの仕事を続けるにしても、地域での活動に関わるにしても、還暦を越えたら、時として譲る、一歩退く、という姿勢は常に頭の隅に置いておいた方がいい。たとえ自分に主役の経験があったとしても、別の主役がいる場では、決して前に出てはいけない。吉行和子のように、主役の時は思い切り前に出て、脇役の時は静かに後ろに下がる。そんな時機を得た振る舞いが、老害と老優を分かつ勘所なのである。また、長年脇役を続けてきて、何かのきっかけで周囲の人たちから強く主役に推された時に、あまり頑なに拒むのも無粋だ。『星めぐりの町』の小林稔侍のように黙って引き受けて、控えめに主役を演じてみればいい。それが老優の品格というものである。

ポスト還暦の生き方を考える場合、当然、働き続けるという選択肢が出てくる。第5章で触れたように、そう自分で決めたのならば、自分のキャリアデザインは自分でつくらなければならない。仕事を通じて得た経験というものは、思っている以上に多様かつ多義的で汎用性がある。視野を広げれば、あなたのキャリアは、まったく違う分野で活きるかもしれない。二枚目の三浦友和の中に三枚目や悪役が隠れていた。目立たない脇役だった宮本信子の中にパワフルな働く女が眠っていた。あなたのキャリアの中にも、まだ見ぬ新しい自分が出番を待っているかもしれない。

連載中から本書をまとめる過程において、9名もの老優たちが惜しくもこの世を去った。締めくくりとなる第6章では、彼らの死に方を辿ってみた。いかに死ぬかは、いかに生きるかということだ。高倉健にせよ、樹木希林にせよ、生涯現役を貫いた老優は多いが、そのピリオドの打ち方はそれぞれ違う。プライベートを秘してスターのまま逝った高倉、闘病を公表しながら死に方で生き方を語ってみせた樹木、いかにも彼ららしい幕引きから、今も多くの人が、生きる道を学んでいる。『わたしのグランパ』で人生の締めのビールを飲み干してみせた菅原文太も、『GONIN サーガ』で文字通り死力を尽くして役者人生の最期を演じきった根津甚八も、演技や作品を超えた何かを、私たちに語りかけてくる。遺作に焼き付けられた彼らの姿は、死の直前に観阿弥が世阿弥に見せた「老骨に残りし花」そのものである。その花は、どれもみな美しく、円熟の光彩を放っていた。

すべての老いた者は老優である。老いた者は誰もが優れた価値を内包している。見た目は枯れ木のようであっても、その内側にはまだまだ力が残されている。あのように生きたいと希うなら、まずは演じてみればいい。誰かが決めた「老人」ではなく、「なりたい自分」を演じるのだ。そうすることで、老いの価値はやがて目に見えるものになっていく。それがあなたの「残りし花」になるのだ。

# あとがき

私が小学生のとき、今は亡き父が『パピヨン』（七三年）を観に連れていってくれなければ、おそらくこの本が書かれることはなかった。父と映画を観たのはそれが最初で最後だったが、その一度きりの出来事は、この世には映画という物凄いものがあるということを私に教えてくれた。シネラマの巨大スクリーンに映し出されたＳ・マックイーンとＤ・ホフマンの雄姿を、私は生涯忘れない。

私にとって、映画は鑑賞の対象ではなく経験そのものだった。ただただ面白くて、何十、何百と観続けていくうちに、映画の中で描かれる喜怒哀楽や生老病死が自分の中に染み込み、自分を形作っていくことが自分でもわかった。

やがて大人になると、作品の内容を超えて、膨大な知見と労力と資金と時間と情熱を費やして製作される映画そのものに対して、あるいはひとりの別の人生を生きようとする演技という行為に対して、強く惹かれ、深い敬意を抱くようになった。黒沢清や是枝裕和が何を撮っているかよりもどう撮っているかを、石橋蓮司や余貴美子がどんな役を演じているかよりもどう演じているかを、注意深く観ては拙いなりに考えを巡らせるようになっていったのである。

当然、高齢者福祉の仕事に携わるようになれば、高齢者がどのように描かれているのかが気になる。そのうちに、観た映画の中に高齢者を探すだけでは飽きたらず、高齢者が登場する映画をわざわざ探して観るまでになっていった。当時の私の同僚は、仕事上の話に隙あらば映画の話を絡めてくる私のことをかなり変わった人だなと思っていたに違いないが、本人の頭の中では、映画についての思索と高齢者福祉についての思索が混ざり合って渦巻き、抑えても抑えても溢れ出る状態だったのである。改めてこう書いて振り返ってみると、変わった人というよりもはや迷惑な人であって、暑くもないのに汗が噴き出してくる。

映画は人生のようで、人生は映画のように都合よくできてはいないが、それでも稀に映画のような出来事が起きることもある。頭の中で映画と高齢者福祉が渦巻く変わり者のところに、映画と高齢者福祉を掛け合わせたコラムを書かないかという、嘘のような話がきたのである。

それは、中高齢層のセカンドライフを応援するＷｅｂサイトでの連載企画だった。老優の全盛期を振り返って懐かしむのではなく、彼らの老いてからの活躍にスポットを当てることで、歳を取ることも悪くない、いや、むしろいいと読者が思えるようなものを書けませんか、という依頼であった。これは自分が書かなければいけない。直感的にそう思った。映画の神様と高齢者福祉の神様という、普段滅多に顔を合わせない2人が揃って背中を押してくれたのである。何とか書けるような気がした。

毎月、六十歳以上の現役俳優を1人選び、その出演作を映画館とWebとDVDとVHSで時間の許す限り観続ける日々がはじまった。毎回、その俳優ならではの切り口を設定し、何十本という作品を観てメモを取っていくのだが、下調べの段階で作品を絞り込める教師役や王様役であればまだしも、「不機嫌」や「ワケアリな母」といった独特な視点を定めてしまった場合は、結局全出演作を観なければならないこともあった。この準備には想像していた以上に多大な時間を要した。

また、書き始めれば書き始めたで、何とか書けるような気がしたのは浅はかな錯覚であったことに気づき、愕然とした。やっとのことで1本書き終えても、その切り口は二度と使えない。書けば書くほど選択肢は減っていき、ハードルはあがっていった。そんな毎日が丸4年間続いた。苦しかったと言えば嘘になるが、楽しかったと言っても嘘になる。

頭の中に渦巻く映画と高齢者福祉についての思索は今も消えることはない。だが、その一部をこうして本にまとめることができたのは、ほんとうに幸運だった。本書を通じて、老いた俳優たちの矜持と、老いることの優れた価値と、そして何より、老いた者に優しい世の中であってほしいという願いが、読者に伝われば望外の喜びである。

この場を借りて、本書の出版にご尽力いただいた方々に、心から感謝を申し上げたい。

一般財団法人年金住宅福祉協会には、まずもって、このような風変わりなWeb連載を4年間も続けさせていただいたことに御礼を申し述べたい。

この連載を企画し、何を感じとってのことか、映画ライターでもない私に執筆を依頼してきた年友企画の赤堀 進氏には当然、本書の出版に至るまで編集をご担当いただいた。あなたの飽くなき情熱がなければ、本書が世に出ることはなかった。厚く感謝申し上げる。

勝田登司夫氏には、連載当時から老優たちの矜持が滲み出るような素晴らしいイラストを提供いただいた。本書をまとめるにあたって何点か描き直しまでしていただき、感謝に堪えない。老優たちの心根だけでなく、書き手である私の心模様まで見透かすようなあなたのイラストに、連載中何度も刺激を受け、また励まされたことを、ここで正直に告白しておく。

インターミッションの「映画で読み解く日本の高齢者像の変遷」は、私が大学院で受け持ってきた介護倫理の講義の一部がベースとなっている。教えられるのなら書ける、書けるのなら教えられる。だからこそ、教壇に立てることは貴重なのだ。その機会を与えていただいた、兵庫県立大学の小山秀夫名誉教授には、深く感謝を申し上げたい。

同じ意味合いで、いま私が人材開発という仕事に携わっていられることの意義も小さくない。株式会社エクセレントケアシステムの大川一則社長には、この私的な出版を快く認めていただいたことと併せて、心から感謝の気持ちをお伝えしたい。

折に触れて連載への貴重な感想を寄せてくれた高澤 徹、「佐々木勝彦はいつ取り上げますか」という独特な励ましを続けてくれた田中知宏、この2人の畏友にも感謝の言葉を贈りたい。

よく利用させていただいた某レンタルビデオ店の店員の皆さんにも、この場で感謝を申し上げておきたい。一度に十数本借りたり、同じ作品を繰り返し借りたりする私の行動は、相当怪しかったに違いない。同じ作品を繰り返し借りていた理由は、『駅　ＳＴＡＴＩＯＮ』には、高倉健も、倍賞千恵子も、小林稔侍も、いしだあゆみも出ていたからである。『天国の駅　ＨＥＡＶＥＮ　ＳＴＡＴＩＯＮ』には、吉永小百合も、津川雅彦も、西田敏行も、三浦友和も出ていたからである。無許可でＷｅｂに映画をアップしている輩だと絶対に勘違いされていたと思うので、遅ればせながらここで誤解を解いておきたい。

最後に、長年、私の隣で一緒に多くの映画を観てくれた妻と2人の息子にも感謝しなくてはならない。さすがに家族と観に行った映画でメモをとることはなかったが、分析めいた理屈云々を言う前に、映画は共有と共感の娯楽である。亡き父と『パピヨン』を観たときから、その気持ちに変わりはない。

私が生まれたこの世界に、映画があってよかった。高齢者福祉という考え方があってよかった。連綿と紡がれてきた先人たちの偉業に、心から感謝して筆を置く。

二〇二〇年六月

柴垣 竹生

# 参考文献

『新潮日本古典集成 世阿弥芸術論集』 田中裕校注 一九七六年 新潮社
『講座 日本映画5～8巻』 一九八七年～八八年 岩波書店
『キネマ旬報ベスト・テン90回全史1924→2016』 二〇一七年 キネマ旬報社
『「乱」劇場パンフレット』 一九八五年 東宝 出版・商品販促室
『俳優のノート』 山﨑努 二〇〇〇年 メディアファクトリー
『海と川の匂い』 伊佐山ひろ子 二〇一〇年 リトルモア
『共喰い』 田中慎弥 二〇一二年 文藝春秋三月号
『円卓』 西加奈子 二〇一三年 文春文庫

**柴垣　竹生（しばがき　たけお）**

株式会社エクセレントケアシステム　執行役員・人事労務部部長
兵庫県立大学大学院経営研究科（ＭＢＡ）講師／日本介護経営学会会員

１９６６年大阪府生まれ。大手生命保険会社勤務後、１９９９年株式会社ソラスト入社。介護事業課長、コンプライアンス統括課長兼ＩＳＯ品質管理責任者、渉外室長を歴任。社会福祉法人の施設長を経て、２０１９年より現職。人材部門の責任者として、マネジメント職・介護職の育成に携わっている。本業の傍ら、ＭＢＡで講義を受け持つほか、公益財団法人介護労働安定センター等において、介護倫理、人材育成、介護保険制度に関する講演実績多数。無類の映画ファンとしても知られ、かねてより自らが行う研修に、教材として映画作品を取り入れてきた。１０００本を超える邦画の分析に基づいて書かれた本書は、著者の長年にわたる映画への愛と高齢者福祉への情熱の結晶である。

**老いに優れる**

老優に学ぶ人生100年時代のロールモデル

2020年6月25日　初版第1刷発行

著　者　　柴垣 竹生
発行者　　鈴木 俊一
発行所　　株式会社 社会保険研究所
　　　　　東京都千代田区内神田2-15-9　The Kanda 282

制作・発売　年友企画株式会社
　　　　　東京都千代田区内神田2-15-9　The Kanda 282
　　　　　電話　03（3256）1711（代）
　　　　　FAX　03（3256）8928

印刷・製本　株式会社キタジマ
デザイン　藤牧 朝子
イラスト　勝田 登司夫

ISBN978-4-8230-2201-2